TIEMPOS VERBALES DEL INGLÉS

El secreto para usar los tiempos verbales del inglés como un hablante nativo en 2 semanas, para personas ocupadas

Fluent English Publishing

Xiao, Ken
Xiao, Urison

Tiempos verbales del inglés: El secreto para usar los tiempos verbales del inglés como un hablante nativo en 2 semanas, para personas ocupadas

ISNB: 978-1-949916-07-2

Tabla de Contenidos

Capítulo 1: Descripción general de los tiempos verbales.................1
Capítulo 2: Tiempo presente...5
  2.1 Presente simple...5
  2.2 Presente continuo..22
  2.3 Presente perfecto continuo..34
  2.4 Presente perfecto...46
Capítulo 3: Tiempo pasado...63
  3.1 Pasado simple...64
  3.2 Pasado continuo..74
  3.3 Pasado perfecto continuo...85
  3.4 Pasado perfecto...97
Capítulo 4: Tiempo futuro..109
  4.1 Futuro simple...109
  4.2 Futuro continuo..122
  4.3 Futuro perfecto continuo..138
  4.4 Futuro Perfecto...152
Capítulo 5: Tiempos condicionales..165
Capítulo 6: Concordancia sujeto-verbo.....................................169
  6.1 Pronombres singulares indefinidos 170
  6.2 Pronombres plurales indefinidos.................................173
  6.3 Pronombres indefinidos que pueden ser singulares o plurales
....174
  6.4 Sustantivos no contables...176
Capítulo 7: Resumen general..178
Capítulo 8: El secreto para usar los tiempos verbales como un
hablante nativo..179
Acerca de los autores..180

Capítulo 1: Descripción general de los tiempos verbales

Has estudiado inglés durante años, pero aún utilizas los tiempos equivocados. Has probado muchos métodos, pero sigues cometiendo errores con los tiempos verbales. Puedes leer los tiempos verbales, pero cuando los hablas o los escribes, no estás seguro de qué tiempo usar.

La buena noticia es que esto es de lo más normal.

Alguna vez, Ken fue como tú, pero ahora él puede utilizar los tiempos verbales como un hablante nativo. Urison es un hablante nativo de inglés. En este libro, Ken y Urison te enseñarán el secreto para aprender los tiempos verbales del inglés fácilmente, de manera automática y permanente... y te enseñarán cómo lograrlo en tan solo dos semanas.

En este libro, tú :

- aprenderás los tiempos verbales sin esfuerzo
- aprenderás los tiempos verbales de manera automática
- aprenderás los tiempos verbales de manera permanente
- aprenderás los tiempos verbales en 2 semanas
- aprenderás los tiempos verbales sin memorizar las reglas
- aprenderás a utilizar los tiempos verbales como un hablante nativo
- y más

Has estudiado inglés durante años, pero aún utilizas los tiempos equivocados. La razón es simple: los métodos de aprendizaje que has utilizado no han sido efectivos. Cambia tu enfoque ahora. Aprende de un profesor de inglés que anteriormente ha estado en tus zapatos y que ha logrado los resultados que tú deseas. ¡Descubre el secreto para aprender los tiempos verbales del inglés de forma rápida y eficaz para obtener resultados extraordinarios garantizados!

Dato curioso:
Si leemos un libro, al pasar una hora solamente recordamos el 50% del libro.

Aprender los tiempos verbales del inglés es muy parecido a nadar. Sola tienes que sumergirte y comenzar.

Usaremos muchos ejercicios para practicar los tiempos verbales, al igual que los nadadores usan ejercicios para entrenar sus músculos o una piscina para practicar sus habilidades.

Lee los ejercicios de este libro en voz alta, una y otra vez. Si tienes la versión de audio, escucha y repite el audio muchas veces. Una vez que hagas llegar la información a tu mente subconsciente, aprenderás los tiempos verbales del inglés de manera automática.

En inglés, los tiempos verbales nos dicen el tiempo de los eventos o las acciones. En otras palabras, podemos decir cuándo sucedieron los eventos o las acciones simplemente observando qué tiempo se está utilizando.

Dato curioso:

Hay 21 tiempos verbales en el italiano, 14 en el español, 12 en el inglés, seis en el alemán, cuatro en el francés, tres en el japonés, dos en el coreano, y ninguno en el chino.

Hay tres tiempos verbales básicos en el inglés: presente, pasado y futuro.

Además, cada tiempo se divide en cuatro tipos: simple, continuo, perfecto continuo, y perfecto. Los 12 tiempos verbales del inglés son:

- Presente simple
- Presente continuo
- Presente perfecto continuo
- Presente perfecto

- Pasado simple
- Pasado continuo
- Pasado perfecto continuo
- Pasado perfecto

- Futuro simple
- Futuro continuo
- Futuro perfecto continuo
- Futuro perfecto

Capítulo 2: Tiempo presente

Repasemos los tiempos presentes:
- Presente simple
- Presente continuo
- Presente perfecto continuo
- Presente perfecto

2.1 Presente simple

I **study** every day.

Esto es algo que yo hago todos los días. Ocurre en el presente.

They sometimes **study** together.

Ellos estudian juntos – pero solo algunas veces. Ellos repiten este proceso solo de vez en cuando, pero repiten este proceso en el tiempo presente. Estas dos oraciones están en presente simple.

Usamos el tiempo presente simple:

1. Para expresar hechos y verdades generales:
   - Planets **revolve** around stars.
   - One plus one **equals** two.
   - Most birds **fly**.
   - The sun **rises** in the east.

2. Para hablar de acciones o rutinas que se repiten:
   - We **walk** to school every day.
   - They **study** together every Friday.
   - Sandra **takes** the bus to work.

- Jason **gazes** at the stars at night.

3. Para hablar de hábitos:
   - Andrea **drinks** milk for breakfast.
   - They **shop** for groceries once a week.
   - I **plant** sunflowers every April.
   - Birds **eat** my sunflower seeds every August.

4. Para hablar de acuerdos fijos:
   - The package **comes** tomorrow.
   - The CEO **visits** the store on Tuesday.
   - School **begins** on September 2nd.
   - The library **opens** at 10.

5. Para hacer eventos pasados más recientes:
   - Trump **meets** the North Korean leader in Vietnam.
   - Firefighters **rescue** a student from a burning building..
   - Martin Luther King **launches** a marching campaign.
   - George Washington **leads** the continental army.

6. Para dar instrucciones e indicaciones:
   - **Take** I-405 and then **take** exit 5.
   - **Open** the book and then **drink** some water.
   - **Remove** the top cap. Then **remove** the bottom cap.
   - **Boil** water. Then **add** some salt.

En instrucciones e indicaciones, el sujeto es *you*.
   - You take I-405 and then you take exit 5.
   - You open the book and then you drink some water.

Echemos un vistazo a esta oración.

We **land** on the moon.

El verbo **land** está en su forma original. Ahora, si cambiamos el sujeto a "she", entonces tendremos que modificar el verbo.

* She **lands** on the moon.

¿Ves cómo se añade una *s* al final del verbo? Cuando el sujeto está en la tercera personal del singular, agregamos una *s* al final del verbo. Lee y repite lo siguiente en voz alta.

* We **land** on the moon.
* You **land** on the moon.
* They **land** on the moon.
* She **lands** on the moon.
* He **lands** on the moon.
* It **lands** on the moon.
* Andrea **lands** on the moon.
* Urison **lands** on the moon.
* Andrea and Urison **land** on the moon.
* My cat **lands** on the moon.

Ahora observa esto:

* I **study** English.
* You **study** English.
* Andrea and Nathan **study** English together.

¿Por qué no agregamos una *s* al final de *study* en esas oraciones? I study English. Yo solo soy una persona. Eso es debido a que *I* es la primera persona. Solamente agregamos una **s** a la tercera persona de la forma singular: *He*, *she*, y *it*.

La única forma de aprender a nadar es meterse en el agua y nadar, así que vamos a sumergirnos.

* I **listen** to audiobooks every day.
* You **listen** to audiobooks every day.
* We **listen** to audiobooks every day.

- They **listen** to audiobooks every day.
- He **listens** to audiobooks every day.
- She **listens** to audiobooks every day.
- It **listens** to audiobooks every day.
- Andrea **listens** to audiobooks every day.
- Urison **listens** to audiobooks every day.
- Andrea and Urison **listen** to audiobooks every day.
- My cat **listens** to audiobooks every day.

- I **breathe** every day.
- You **breathe** every day.
- We **breathe** every day.
- They **breathe** every day.
- He **breathes** every day.
- She **breathes** every day.
- It **breathes** every day.
- Andrea **breathes** every day.
- Urison **breathes** every day.
- Andrea and Urison **breathe** every day.
- My cat **breathes** every day.

- I **wake up** at seven every day.
- You **wake up** at seven every day.
- We **wake up** at seven every day.
- They **wake up** at seven every day.
- He **wakes up** at seven every day.
- She **wakes up** at seven every day.
- It **wakes up** at seven every day.
- Andrea **wakes up** at seven every day.
- Urison **wakes up** at seven every day.
- Andrea and Urison **wake up** at seven every day.
- My cat **wakes up** at seven every day.

Ahora uno diferente.

- I **play** every day.

- You **play** every day.
- We **play** every day.
- They **play** every day.
- He **plays** every day.
- She **plays** every day.
- It **plays** every day.
- Andrea **plays** every day.
- Urison **plays** every day.
- Andrea and Urison **play** every day.
- My cat **plays** every day.

¿Has notado que el verbo, *play,* termina con la letra *y*?
Aquí hay más ejercicios:

- I **enjoy** life every day.
- You **enjoy** life every day.
- We **enjoy** life every day.
- They **enjoy** life every day.
- He **enjoy** life every day.
- She **enjoy** life every day.
- It **enjoy** life every day.
- Andrea **enjoy** life every day.
- Urison **enjoy** life every day.
- Andrea and Urison **enjoy** life every day.
- My cat **enjoy** life every day.

- I **survey** every day.
- You **survey** every day.
- We **survey** every day.
- They **survey** every day.
- He **surveys** every day.
- She **surveys** every day.
- It **surveys** every day.
- Andrea **surveys** every day.
- Urison **surveys** every day.
- Andrea and Urison **survey** every day.

- My cat **surveys** every day.

Ahora observa esto cuidadosamente.

- I **study** every day.
- You **study** every day.
- We **study** every day.
- They **study** every day.
- He **studies** every day.
- She **studies** every day.
- It **studies** every day.
- Andrea **studies** every day.
- Urison **studies** every day.
- Andrea and Urison **study** every day.
- My cat **studies** every day.

¿Por qué la respuesta correcta es "Andrea **studies** every day", pero no "Andrea studys every day?"

En ejercicios anteriores, hemos formado las formas singulares de la segunda y tercera persona simplemente agregando una *s* al final del verbo:

- Andrea **listens** to audiobooks every day.
- Andrea **breathes** every day.
- Andrea **wakes up** at seven every day.

Entonces, ¿por qué simplemente no podemos añadir una *s* al final de "study"?

Razón 1:
study termina con la letra *y*.

Pero anteriormente hemos visto los siguientes ejercicios que terminaron en "*y*" y eran correctos cuando solo agregamos una *s*:

- Andrea **plays** every day.
- Andrea **enjoys** life every day.
- Andrea **surveys** every day.

"*Play, enjoy*, y *survey*" terminan todos con la letra *y*. ¿Por qué "study" es diferente?

Razón 2:
En el verbo "study", la letra que antecede a la letra "*y*" es una consonante.

¿Has notado que en los verbos *play, enjoy* y *survey*, las letras que anteceden a la letra "y" son vocales?

¿Sí? ¡Bien!

En inglés, las letras conocidas como las vocales son: a, e, i, o, u. Cuando una vocal antecede a la letra "*y*", la letra "*y*" se convierte en parte de la vocal y no necesita ser cambiada.

Cuando una vocal antecede a la la letra "*y*", entonces solo agrega una *s* al final del verbo.

Cuando una consonante antecede a la letra "*y*", entonces cambia la *y* por una *i* y después agrega *es* al final.

Repitamos lo siguiente para hacer llegar esto a nuestra mente subconsciente:

- I **stay** home every day.
- You **stay** home every day.
- We **stay** home every day.
- They **stay** home every day.
- He **stays** home every day.
- She **stays** home every day.
- It **stays** home every day.
- Andrea **stays** home every day.

- Urison **stays** home every day.
- Andrea and Urison **stay** home every day.
- My cat **stays** home every day.

- I **buy** lunch every day.
- You **buy** lunch every day.
- We **buy** lunch every day.
- They **buy** lunch every day.
- He **buys** lunch every day.
- She **buys** lunch every day.
- It **buys** lunch every day.
- Andrea **buys** lunch every day.
- Urison **buys** lunch every day.
- Andrea and Urison **buy** lunch every day.
- My cat **buys** lunch every day.

Ahora con la letra "y" después de una consonante.

- I **party** every day.
- You **party** every day.
- We **party** every day.
- They **party** every day.
- He **parties** every day.
- She **parties** every day.
- It **parties** every day.
- Andrea **parties** every day.
- Urison **parties** every day.
- Andrea and Urison **party** every day.
- My cat **parties** every day.

- I **fly** every day.
- You **fly** every day.
- We **fly** every day.
- They **fly** every day.
- He **flies** every day.
- She **flies** every day.

- It **flies** every day.
- Andrea **flies** every day.
- Urison **flies** every day.
- Andrea and Urison **fly** every day.
- My cat **flies** every day.

Ahora veamos uno diferente cuidadosamente:

- I **teach** English.
- You **teach** English.
- We **teach** English.
- They **teach** English.
- He **teaches** English.
- She **teaches** English.
- It **teaches** English.
- Andrea **teaches** English.
- Urison **teaches** English.
- Andrea and Urison **teach** English.
- My cat **teaches** English.

¿Por qué la respuesta correcta es "Andrea teaches English" pero no "Andrea teachs English?"

Eso es debido a que *teach* termina con *ch*. En la tercera personal del singular, cuando un verbo termina con *ch*, agrega *es* al final.

Aquí hay más ejercicios:

- I **watch** the night sky every day.
- You **watch** the night sky every day.
- We **watch** the night sky every day.
- They **watch** the night sky every day.
- He **watches** the night sky every day.
- She **watches** the night sky every day.
- It **watches** the night sky every day.

- Andrea **watches** the night sky every day.
- Urison **watches** the night sky every day.
- Andrea and Urison **watch** the night sky every day.
- My cat **watches** the night sky every day.

- I **munch** apples every day.
- You **munch** apples every day.
- We **munch** apples every day.
- They **munch** apples every day.
- He **munches** apples every day.
- She **munches** apples every day.
- It **munches** apples every day.
- Andrea **munches** apples every day.
- Urison **munches** apples every day.
- Andrea and Urison **munch** apples every day.
- My cat **munches** apples every day.

Ahora este:

- I **wish** you well.
- You **wish** you well.
- We **wish** you well.
- They **wish** you well.
- He **wishes** you well.
- She **wishes** you well.
- It **wishes** you well.
- Andrea **wishes** you well.
- Urison **wishes** you well.
- Andrea and Urison **wish** you well.
- My cat **wishes** you well.

En tercera persona singular, cuando un verbo termina con *sh*, agrega *es* al final.

- I **wash** the marsh every day.

- You **wash** the marsh every day.
- We **wash** the marsh every day.
- They **wash** the marsh every day.
- He **washes** the marsh every day.
- She **washes** the marsh every day.
- It **washes** the marsh every day.
- Andrea **washes** the marsh every day.
- Urison **washes** the marsh every day.
- Andrea and Urison **wash** the marsh every day.
- My cat **washes** the marsh every day.

- I **push** the bush every day
- You **push** the bush every day.
- We **push** the bush every day.
- They **push** the bush every day.
- He **pushes** the bush every day.
- She **pushes** the bush every day.
- It **pushes** the bush every day.
- Andrea **pushes** the bush every day.
- Urison **pushes** the bush every day.
- Andrea and Urison **push** the bush every day.
- My cat **pushes** the bush every day.

Ahora observa este cuidadosamente:

- I **guess** you live on Earth.
- You **guess** you live on Earth.
- We **guess** you live on Earth.
- They **guess** you live on Earth.
- He **guesses** you live on Earth.
- She **guesses** you live on Earth.
- It **guesses** you live on Earth.
- Andrea **guesses** you live on Earth.
- Urison **guesses** you live on Earth.
- Andrea and Urison **guess** you live on Earth.
- My cat **guesses** you live on Earth.

En tercera persona singular, cuando un verbo termina con *ss*, agrega *es* al final.

- I **dress up** every day.
- You **dress up** every day.
- We **dress up** every day.
- They **dress up** every day.
- He **dresses up** every day.
- She **dresses up** every day.
- It **dresses up** every day.
- Andrea **dresses up** every day.
- Urison **dresses up** every day.
- Andrea and Urison **dress up** every day.
- My cat **dresses up** every day.

- I **cross** crossroads every day.
- You **cross** crossroads every day.
- We **cross** crossroads every day.
- They **cross** crossroads every day.
- He **crosses** crossroads every day.
- She **crosses** crossroads every day.
- It **crosses** crossroads every day.
- Andrea **crosses** crossroads every day.
- Urison **crosses** crossroads every day.
- Andrea and Urison **cross** crossroads every day.
- My cat **crosses** crossroads every day.

Ahora uno diferente:

- I **buzz** along the runway.
- You **buzz** along the runway.
- We **buzz** along the runway.
- They **buzz** along the runway.
- He **buzzes** along the runway.

- She **buzzes** along the runway.
- It **buzzes** along the runway.
- Andrea **buzzes** along the runway.
- Urison **buzzes** along the runway.
- Andrea and Urison **buzz** along the runway.
- My cat **buzzes** along the runway.

En tercera persona singular, cuando un verbo termina con zz, agrega *es* al final.

- I **jazz** every day.
- You **jazz** every day.
- We **jazz** every day.
- They **jazz** every day.
- He **jazzes** every day.
- She **jazzes** every day.
- It **jazzes** every day.
- Andrea **jazzes** every day.
- Urison **jazzes** every day.
- Andrea and Urison **jazz** every day.
- My cat **jazzes** every day.

- I **whizz** past the classroom every day.
- You **whizz** past this classroom every day.
- We **whizz** past this classroom every day.
- They **whizz** past this classroom every day.
- He **whizzes** past this classroom every day.
- She **whizzes** past this classroom every day.
- It **whizzes** past this classroom every day.
- Andrea **whizzes** past this classroom every day.
- Urison **whizzes** past this classroom every day.
- Andrea and Urison **whizz** past this classroom every day.
- My cat **whizzes** past this classroom every day.

Ahora uno diferente:

- I **box** my boxes for vacation.
- You **box** my boxes for vacation.
- We **box** my boxes for vacation.
- They **box** my boxes for vacation.
- He **boxes** my boxes for vacation.
- She **boxes** my boxes for vacation.
- It **boxes** my boxes for vacation.
- Andrea **boxes** my boxes for vacation.
- Urison **boxes** my boxes for vacation.
- Andrea and Urison **box** my boxes for vacation.
- My cat **boxes** my boxes for vacation.

En tercera personal singular, cuando un verbo termina con *x*, agrega *es* al final.

- I **relax** on my relaxation bench every day.
- You **relax** on my relaxation bench every day.
- We **relax** on my relaxation bench every day.
- They **relax** on my relaxation bench every day.
- He **relaxes** on my relaxation bench every day.
- She **relaxes** on my relaxation bench every day.
- It **relaxes** on my relaxation bench every day.
- Andrea **relaxes** on my relaxation bench every day.
- Urison **relaxes** on my relaxation bench every day.
- Andrea and Urison **relax** on my relaxation bench every day.
- My cat **relaxes** on my relaxation bench every day.

- I **fix** my friend's car once a while.
- You **fix** my friend's car once a while.
- We **fix** my friend's car once a while.
- They **fix** my friend's car once a while.
- He **fixes** my friend's car once a while.

- She **fixes** my friend's car once a while.
- It **fixes** my friend's car once a while.
- Andrea **fixes** my friend's car once a while.
- Urison **fixes** my friend's car once a while.
- Andrea and Urison **fix** my friend's car once a while.
- My cat **fixes** my friend's car once a while.

Ahora observa este cuidadosamente:

- I **do** my work every day.
- You **do** your work every day.
- We **do** our work every day.
- They **do** their work every day.
- He **does** his work every day.
- She **does** her work every day.
- It **does** its work every day.
- Andrea **does** her work every day.
- Urison **does** his work every day.
- Andrea and Urison **do** their work every day.
- My cat **does** its work every day.

En tercera personal singular, cuando un verbo termina con
o, agrega *es* al final.

- I **go** to work every day.
- You **go** to work every day.
- We **go** to work every day.
- They **go** to work every day.
- He **goes** to work every day.
- She **goes** to work every day.
- It **goes** to work every day.
- Andrea **goes** to work every day.
- Urison **goes** to work every day.
- Andrea and Urison **go** to work every day.
- My cat **goes** to work every day.

Ahora, algo muy diferente:

- I **have** fun every day.
- You **have** fun every day.
- We **have** fun every day.
- They **have** fun every day.
- He **has** fun every day.
- She **has** fun every day.
- It **has** fun every day.
- Andrea **has** fun every day.
- Urison **has** fun every day.
- Andrea and Urison **have** fun every day.
- My cat **has** fun every day.

Have es un verbo irregular. La buena noticia es que, para el tiempo presente, *have* únicamente cambia a *has*.

- I **have** water every day.
- You **have** water every day.
- We **have** water every day.
- They **have** water every day.
- He **has** water every day.
- She **has** water every day.
- It **has** water every day.
- Andrea **has** water every day.
- Urison **has** water every day.
- Andrea and Urison **have** water every day.
- My cat **has** water every day.

- I **have** vegetables for dinner every day.
- You **have** vegetables for dinner every day.
- We **have** vegetables for dinner every day.
- They **have** vegetables for dinner every day.
- He **has** vegetables for dinner every day.
- She **has** vegetables for dinner every day.

- It **has** vegetables for dinner every day.
- Andrea **has** vegetables for dinner every day.
- Urison **has** vegetables for dinner every day.
- Andrea and Urison **have** vegetables for dinner every day.
- My cat **has** vegetables for dinner every day.

Más ejercicios de irregurales:

- I **am** here.
- You **are** awesome.
- We **are** human.
- They **are** perfect.
- He **is** a student.
- Toronto **is** in Canada.
- Computers **are** made with alien technologies.

En las oraciones anteriores, los verbos (am, is, *y* are) son denominados ***verbos de enlace***. No tienen acción. No puedes utilizar solo *am*. No puedes utilizar solo *are*. Estos verbos de enlace son necesarios en estas oraciones. No puedes simplemente decir *I here, you awesome, he a student*. Los verbos enlazan al sujeto con la información acerca del sujeto.

¡Felicidades! Hemos terminado el tiempo verbal presente simple. Celebremos practicando un poco más:

- I **am** happy.
- You **are** right.
- We **are** shiny.
- They **are** on Earth.
- He **is** a pilot.
- She **is** a nurse.
- It **is** cold.
- UFOs **are** real.

2.2 Presente continuo

En el tiempo presente continuo, hablamos de cosas que están sucediendo ahora y que no han terminado. Por ejemplo:
- Andrea **is studying** right now.

Andrea es el sujeto, *is* es el verbo de enlace, y *study* es el verbo. Agregamos *ing* al final del verbo para mostrar que está sucediendo en este momento.

Usamos el presente continuo para:

1. Hablar de eventos o actividades continuas :
   - We **are walking** to school.
   - They **are studying** together.
   - Jason **is gazing** at the stars.
   - The birds **are eating** my sunflower seeds.

2. Hablar de eventos futuros:
   - We **are walking** to school on Monday.
   - The doors **are opening** in 10 minutes.
   - Sandra **is visiting** on Sunday.
   - Jason **is going** to Europe in a week.

Echa un vistazo a esta oración:

- We **are landing** on the moon.

El vero auxiliar es *is* y el verbo principal es *land* (+ing). Si cambiamos el sujeto a *she*, entonces tendremos que cambiar el verbo de enlace a *is*:

- She **is landing** on the moon.

Cuando el sujeto es la tercera persona del singular,

debemos usar *is* como el verbo auxiliar. Para la primera persona del singular, el verbo auxiliar es *am.* Para todos los demás, usa *are*. Lee y repite lo siguiente.

- I am landing on the moon.
- We are landing on the moon.
- You are landing on the moon.
- They are landing on the moon.
- He is landing on the moon.
- She is landing on the moon.
- It is landing on the moon.
- Urison is landing on the moon.
- Andrea is landing on the moon.
- Urison and Andrea are landing on the moon.
- My cat is landing on the moon.

- I am listening to audiobooks right now.
- You are listening to audiobooks right now.
- We are listening to audiobooks right now.
- They are listening to audiobooks right now..
- He is listening to audiobooks right now.
- She is listening to audiobooks right now.
- It is listening to audiobooks right now.
- Andrea is listening to audiobooks right now.
- Urison is listening to audiobooks right now.
- Andrea and Urison are listening to audiobooks right now.
- My cat is listening to audiobooks right now.

¿Recuerdas los siguientes del tiempo presente simple?
- I am here.
- You are awesome.
- We are human.
- They are perfect.
- He is a student.
- Toronto is in Canada.

- Computers **are** made with alien technologies.

En el tiempo presente simple, los verbos *am, is* y *are*, son verbos de enlace. No tienen acción. Solo enlazan al sujeto con la información acerca del sujeto. No hay verbos de acción en estos ejercicios.

Sin embargo, en el presente continuo, los verbos am, is y are, son **verbos auxiliares.** Son seguidos por los verbos principales que terminan en *ing.* Estos verbos son los verbos de acción.

Vamos a sumergirnos en ellos:

- I **am playing**.
- You **are playing**.
- We **are playing**.
- They **are playing**.
- He **is playing**.
- She **is playing**.
- It **is playing**.
- Andrea **is playing**.
- Urison **is playing**.
- Andrea and Urison **are playing**.
- My cat **is playing**.

¿Has notado que "play" termina con la letra *y*? ¿Sí? Bien.

- I **am enjoying** life.
- You **are enjoying** life.
- We **are enjoying** life.
- They **are enjoying** life.
- He **is enjoying** life.
- She **is enjoying** life.
- It **is enjoying** life.
- Andrea **is enjoying** life.

- Urison **is enjoying** life.
- Andrea and Urison **are enjoying** life.
- My cat **is enjoying** life.

¿Has notado que "enjoy" también termina con la letra *y*?

Aquí hay algunos ejercicios más. Repítelos en voz alta para hacerlos llegar a tu mente subconsciente.

- I **am surveying**.
- You **are surveying**.
- We **are surveying**.
- They **are surveying**.
- He **is surveying**.
- She **is surveying**.
- It **is surveying**.
- Andrea **is surveying**.
- Urison **is surveying**.
- Andrea and Urison **are surveying**.
- My cat **is surveying**.

- I **am studying**.
- You **are studying**.
- We **are studying**.
- They **are studying**.
- He **is studying**.
- She **is studying**.
- It **is studying**.
- Andrea **is studying**.
- Urison **is studying**.
- Andrea and Urison **are studying**.
- My cat **is studying**.

- I **am partying**.
- You **are partying**.
- We **are partying**.

- They **are partying**.
- He **is partying**.
- She **is partying**.
- It **is partying**.
- Andrea **is partying**.
- Urison **is partying**.
- Andrea and Urison **are partying**.
- My cat **is partying**.

Ahora, algunos ejercicios en los que el verbo no termina con una *y*.

- I **am teaching** English.
- You **are teaching** English.
- We **are teaching** English.
- They **are teaching** English.
- He **is teaching** English.
- She **is teaching** English.
- It **is teaching** English.
- Andrea **is teaching** English.
- Urison **is teaching** English.
- Andrea and Urison **are teaching** English.
- My cat **is teaching** English.

- I **am watching** the night sky.
- You **are watching** the night sky.
- We **are watching** the night sky.
- They **are watching** the night sky.
- He **is watching** the night sky.
- She **is watching** the night sky.
- It **is watching** the night sky.
- Andrea **is watching** the night sky.
- Urison **is watching** the night sky.
- Andrea and Urison **are watching** the night sky.
- My cat **is watching** the night sky.

- I **am munching** apples.
- You **are munching** apples.
- We **are munching** apples.
- They **are munching** apples.
- He **is munching** apples.
- She **is munching** apples.
- It **is munching** apples.
- Andrea **is munching** apples.
- Urison **is munching** apples.
- Andrea and Urison **are munching** apples.
- My cat **is munching** apples.

Cuando el verbo se combina con un verbo auxiliar, solo agrega *ing* al final del verbo para todas las formas:

- I **am washing** the marsh.
- You **are washing** the marsh.
- We **are washing** the marsh.
- They **are washing** the marsh.
- He **is washing** the marsh.
- She **is washing** the marsh.
- It **is washing** the marsh.
- Andrea **is washing** the marsh.
- Urison **is washing** the marsh.
- Andrea and Urison **are washing** the marsh.
- My cat **is washing** the marsh.

- I **am pushing** the bush.
- You **are pushing** the bush.
- We **are pushing** the bush.
- They **are pushing** the bush.
- He **is pushing** the bush.
- She **is pushing** the bush.
- It **is pushing** the bush.
- Andrea **is pushing** the bush.
- Urison **is pushing** the bush.

- Andrea and Urison **are pushing** the bush.
- My cat **is pushing** the bush.

- I **am guessing** you live on Earth.
- You **are guessing** you live on Earth.
- We **are guessing** you live on Earth.
- They **are guessing** you live on Earth.
- He **is guessing** you live on Earth.
- She **is guessing** you live on Earth.
- It **is guessing** you live on Earth.
- Andrea **is guessing** you live on Earth.
- Urison **is guessing** you live on Earth.
- Andrea and Urison **are guessing** you live on Earth.
- My cat **is guessing** you live on Earth.

- I **am dressing** up.
- You **are dressing** up.
- We **are dressing** up.
- They **are dressing** up.
- He **is dressing** up.
- She **is dressing** up.
- It **is dressing** up.
- Andrea **is dressing** up.
- Urison **is dressing** up.
- Andrea and Urison **are dressing** up.
- My cat **is dressing** up.

- I **am crossing** crossroads.
- You **are crossing** crossroads.
- We **are crossing** crossroads.
- They **are crossing** crossroads.
- He **is crossing** crossroads.
- She **is crossing** crossroads.
- It **is crossing** crossroads.
- Andrea **is crossing** crossroads.
- Urison **is crossing** crossroads.

- Andrea and Urison **are crossing** crossroads.
- My cat **is crossing** crossroads.

- I **am buzzing** along the runway.
- You **are buzzing** along the runway.
- We **are buzzing** along the runway.
- They **are buzzing** along the runway.
- He **is buzzing** along the runway.
- She **is buzzing** along the runway.
- It **is buzzing** along the runway.
- Andrea **is buzzing** along the runway.
- Urison **is buzzing** along the runway.
- Andrea and Urison **are buzzing** along the runway.
- My cat **is buzzing** along the runway.

- I **am jazzing**.
- You **are jazzing**.
- We **are jazzing**.
- They **are jazzing**.
- He **is jazzing**.
- She **is jazzing**.
- It **is jazzing**.
- Andrea **is jazzing**.
- Urison **is jazzing**.
- Andrea and Urison **are jazzing**.
- My cat **is jazzing**.

- I **am boxing** my boxes for vacation.
- You **are boxing** my boxes for vacation.
- We **are boxing** my boxes for vacation.
- They **are boxing** my boxes for vacation.
- He **is boxing** my boxes for vacation.
- She **is boxing** my boxes for vacation.
- It **is boxing** my boxes for vacation.
- Andrea **is boxing** my boxes for vacation.
- Urison **is boxing** my boxes for vacation.

- Andrea and Urison **are boxing** my boxes for vacation.
- My cat **is boxing** my boxes for vacation.

- I **am doing** my work.
- You **are doing** your work.
- We **are doing** our work.
- They **are doing** their work.
- He **is doing** his work.
- She **is doing** her work.
- It **is doing** its work.
- Andrea **is doing** her work.
- Urison **is doing** his work.
- Andrea and Urison **are doing** their work.
- My cat **is doing** its work.

- I **am going** to work.
- You **are going** to work.
- We **are going** to work.
- They **are going** to work.
- He **is going** to work.
- She **is going** to work.
- It **is going** to work.
- Andrea **is going** to work.
- Urison **is going** to work.
- Andrea and Urison **are going** to work.
- My cat **is going** to work.

Ahora, algo muy diferente:

- I **am having** fun.
- You **are having** fun.
- We **are having** fun.
- They **are having** fun.
- He **is having** fun.
- She **is having** fun.
- It **is having** fun.

- Andrea **is having** fun.
- Urison **is having** fun.
- Andrea and Urison **are having** fun.
- My cat **is having** fun.

Have es un verbo irregular. A diferencia de la tercera persona singular del presente simple, en la que *have* cambia a *has*, en el tiempo presente continuo *have* cambia a *having* para todos los sujetos.

Aquí hay otros ejercicios:

- I **am having** vegetables for dinner.
- You **are having** vegetables for dinner.
- We **are having** vegetables for dinner.
- They **are having** vegetables for dinner.
- He **is having** vegetables for dinner.
- She **is having** vegetables for dinner.
- It **is having** vegetables for dinner.
- Andrea **is having** vegetables for dinner.
- Urison **is having** vegetables for dinner.
- Andrea and Urison **are having** vegetables for dinner.
- My cat **is having** vegetables for dinner.

En los verbos con *e*, eliminamos la *e* del final y agregamos *ing*.

- I **am breathing**.
- You **are breathing**.
- We **are breathing**.
- They **are breathing**..
- He **is breathing**.
- She **is breathing**.
- It **is breathing**.
- Andrea **is breathing**.

- Urison **is breathing**.
- Andrea and Urison **are breathing**.
- My cat **is breathing**.

- I **am waking** up.
- You **are waking** up.
- We **are waking** up.
- They **are waking** up.
- He **is waking** up.
- She **is waking** up.
- It **is waking** up.
- Andrea **is waking** up.
- Urison **is waking** up.
- Andrea and Urison **are waking** up.
- My cat **is waking** up.

Ahora uno diferente:

- I **am running**.
- You **are running**.
- We **are running**.
- They **are running**.
- He **is running**.
- She **is running**.
- It **is running**.
- Andrea **is running**.
- Urison **is running**.
- Andrea and Urison **are running**.
- My cat **is running**.

¿Notas que ahora el verbo *run* tiene dos *n's*? ¿Qué pasa si solo agregamos *ing* a *run* sin duplicar la *n*? La pronunciación cambiará.

Aquí hay algunos ejercicios:

- I **am swimming**.
- You **are swimming**.
- We **are swimming**.
- They **are swimming**.
- He **is swimming**.
- She **is swimming**.
- It **is swimming**.
- Andrea **is swimming**.
- Urison **is swimming**.
- Andrea and Urison **are swimming**.

- I **am cutting**.
- You **are cutting**.
- We **are cutting**.
- They **are cutting**.
- He **is cutting**.
- She **is cutting**.
- It **is cutting**.
- Andrea **is cutting**.
- Urison **is cutting**.
- Andrea and Urison **are cutting**.
- My cat **is cutting**.

2.3 Presente perfecto continuo

Usamos el tiempo presente perfecto continuo para cosas que comenzaron en el pasado, que todavía continúan, y que pueden continuar en el futuro. He aquí un ejemplo:

- Andrea **has been studying** since morning.

Ella comenzó a estudiar en la mañana, sigue estudiando, y puede continuar estudiando durante más tiempo.

El sujeto es *Andrea* y el verbo es *to study*. La terminación *ing* nos indica que está sucediendo ahora mismo. La frase verbal auxiliar "has been", nos indica que Andrea estaba estudiando y continúa haciéndolo.

Echemos un vistazo a esta oración:

- They **have been working** on the moon for three hours.

Cuando el sujeto se cambia a *they*, el verbo auxiliar cambia a *have been*.

Usamos el tiempo presente perfecto continuo para hablar acerca de eventos o actividades que comenzaron en el pasado y continúan en el presente y el futuro.
- We **have been walking** to school for 10 minutes.
- They **have been studying** together for three hours.
- Jason **has been gazing** at the stars since eight.
- The birds **have been eating** my sunflower seeds since morning.

Aquí hay algunos ejercicios. Repítelos en voz alta.

- I **have been listening** to audiobooks for three hours.
- You **have been listening** to audiobooks for three

hours.
- We **have been listening** to audiobooks for three hours.
- They **have been listening** to audiobooks for three hours.
- He **has been listening** to audiobooks for three hours.
- She **has been listening** to audiobooks for three hours.
- It **has been listening** to audiobooks for three hours.
- Andrea **has been listening** to audiobooks for three hours.
- Urison **has been listening** to audiobooks for three hours.
- Andrea and Urison **have been listening** to audiobooks for three hours.
- My cat **has been listening** to audiobooks for three hours.

- I **have been playing** the piano for 30 minutes.
- You **have been playing** the piano for 30 minutes.
- We **have been playing** the piano for 30 minutes.
- They **have been playing** the piano for 30 minutes.
- He **has been playing** the piano for 30 minutes.
- She **has been playing** the piano for 30 minutes.
- It **has been playing** the piano for 30 minutes.
- Andrea **has been playing** the piano for 30 minutes.
- Urison **has been playing** the piano for 30 minutes.
- Andrea and Urison **have been playing** the piano for 30 minutes.
- My cat **has been playing** the piano for 30 minutes.

- I **have been enjoying** life for a year.
- You **have been enjoying** life for a year.
- We **have been enjoying** life for a year.
- They **have been enjoying** life for a year.
- He **has been enjoying** life for a year.

- She **has been enjoying** life for a year.
- It **has been enjoying** life for a year.
- Andrea **has been enjoying** life for a year.
- Urison **has been enjoying** life for a year.
- Andrea and Urison **have been enjoying** life for a year.
- My cat **has been enjoying** life for a year.

- I **have been surveying** human interactions for three months.
- You **have been surveying** human interactions for three months.
- We **have been surveying** human interactions for three months.
- They **have been surveying** human interactions for three months.
- He **has been surveying** human interactions for three months.
- She **has been surveying** human interactions for three months.
- It **has been surveying** human interactions for three months.
- Andrea **has been surveying** human interactions for three months.
- Urison **has been surveying** human interactions for three months.
- Andrea and Urison **have been surveying** human interactions for three months.
- My cat **has been surveying** human interactions for three months.

Continuemos practicando.

- I **have been studying** since noon.
- You **have been studying** since noon.
- We **have been studying** since noon.

- They **have been studying** since noon.
- He **has been studying** since noon.
- She **has been studying** since noon.
- It **has been studying** since noon.
- Andrea **has been studying** since noon.
- Urison **has been studying** since noon.
- Andrea and Urison **have been studying** since noon.
- My cat **has been studying** since noon.

- I **have been partying** since the party started.
- You **have been partying** since the party started.
- We **have been partying** since the party started.
- They **have been partying** since the party started.
- He **has been partying** since the party started.
- She **has been partying** since the party started.
- It **has been partying** since the party started.
- Andrea **has been partying** since the party started.
- Urison **has been partying** since the party started.
- Andrea and Urison **have been partying** since the party started.
- My cat **has been partying** since the party started.

Ahora con *ch* al final:

- I **have been teaching** English since the opening of this school.
- You **have been teaching** English since the opening of this school.
- We **have been teaching** English since the opening of this school.
- They **have been teaching** English since the opening of this school.
- He **has been teaching** English since the opening of this school.
- She **has been teaching** English since the opening of this school.

- It **has been teaching** English since the opening of this school.
- Andrea **has been teaching** English since the opening of this school.
- Urison **has been teaching** English since the opening of this school.
- Andrea and Urison **have been teaching** English since the opening of this school.
- My cat **has been teaching** English since the opening of this school.

- I **have been watching** the night sky for four hours.
- You **have been watching** the night sky for four hours.
- We **have been watching** the night sky for four hours.
- They **have been watching** the night sky for four hours.
- He **has been watching** the night sky for four hours.
- She **has been watching** the night sky for four hours.
- It **has been watching** the night sky for four hours.
- Andrea **has been watching** the night sky for four hours.
- Urison **has been watching** the night sky for four hours.
- Andrea and Urison **have been watching** the night sky for four hours.
- My cat **has been watching** the night sky for four hours.

- I **have been munching** apples for three minutes.
- You **have been munching** apples for three minutes.
- We **have been munching** apples for three minutes.
- They **have been munching** apples for three minutes.
- He **has been munching** apples for three minutes.
- She **has been munching** apples for three minutes.
- It **has been munching** apples for three minutes.
- Andrea **has been munching** apples for three

minutes.
- Urison **has been munching** apples for three minutes.
- Andrea and Urison **have been munching** apples for three minutes.
- My cat **has been munching** apples for three minutes.

Ahora con *sh* al final:

- I **have been washing** the marsh since five.
- You **have been washing** the marsh since five.
- We **have been washing** the marsh since five.
- They **have been washing** the marsh since five.
- He **has been washing** the marsh since five.
- She **has been washing** the marsh since five.
- It **has been washing** the marsh since five.
- Andrea **has been washing** the marsh since five.
- Urison **has been washing** the marsh since five.
- Andrea and Urison **have been washing** the marsh since five.
- My cat **has been washing** the marsh since five.

- I **have been pushing** the bush since the beginning of the martial art training.
- You **have been pushing** the bush since the beginning of the martial art training.
- We **have been pushing** the bush since the beginning of the martial art training.
- They **have been pushing** the bush since the beginning of the martial art training.
- He **has been pushing** the bush since the beginning of the martial art training.
- She **has been pushing** the bush since the beginning of the martial art training.
- It **has been pushing** the bush since the beginning of the martial art training.
- Andrea **has been pushing** the bush since the

beginning of the martial art training.

- Urison **has been pushing** the bush since the beginning of the martial art training.
- Andrea and Urison **have been pushing** the bush since the beginning of the martial art training.
- My cat **has been pushing** the bush since the beginning of the martial art training.

Ahora con *ss* al final:

- I **have been dressing** up since the dresser was opened.
- You **have been dressing** up since the dresser was opened.
- We **have been dressing** up since the dresser was opened.
- They **have been dressing** up since the dresser was opened.
- He **has been dressing** up since the dresser was opened.
- She **has been dressing** up since the dresser was opened.
- It **has been dressing** up since the dresser was opened.
- Andrea **has been dressing** up since the dresser was opened.
- Urison **has been dressing** up since the dresser was opened.
- Andrea and Urison **have been dressing** up since the dresser was opened.
- My cat **has been dressing** up since the dresser was opened.

- I **have been crossing** crossroads after age 11.
- You **have been crossing** crossroads after age 11.
- We **have been crossing** crossroads after age 11.
- They **have been crossing** crossroads after age 11.

- He **has been crossing** crossroads after age 11.
- She **has been crossing** crossroads after age 11.
- It **has been crossing** crossroads after age 11.
- Andrea **has been crossing** crossroads after age 11.
- Urison **has been crossing** crossroads after age 11.
- Andrea and Urison **have been crossing** crossroads after age 11.
- My cat **has been crossing** crossroads after age 11.

Ahora con zz al final:

- I **have been buzzing** along the runway all morning.
- You **have been buzzing** along the runway all morning.
- We **have been buzzing** along the runway all morning.
- They **have been buzzing** along the runway all morning.
- He **has been buzzing** along the runway all morning.
- She **has been buzzing** along the runway all morning.
- It **has been buzzing** along the runway all morning.
- Andrea **has been buzzing** along the runway all morning.
- Urison **has been buzzing** along the runway all morning.
- Andrea and Urison **have been buzzing** along the runway all morning.
- My cat **has been buzzing** along the runway all morning.

- I **have been jazzing** all night.
- You **have been jazzing** all night.
- We **have been jazzing** all night.
- They **have been jazzing** all night.
- He **has been jazzing** all night.
- She **has been jazzing** all night.
- It **has been jazzing** all night.

- Andrea **has been jazzing** all night.
- Urison **has been jazzing** all night.
- Andrea and Urison **have been jazzing** all night.
- My cat **has been jazzing** all night.

Ahora con *x* al final:

- I **have been boxing** my boxes since dawn.
- You **have been boxing** my boxes since dawn.
- We **have been boxing** my boxes since dawn.
- They **have been boxing** my boxes since dawn.
- He **has been boxing** my boxes since dawn.
- She **has been boxing** my boxes since dawn.
- It **has been boxing** my boxes since dawn.
- Andrea **has been boxing** my boxes since dawn.
- Urison **has been boxing** my boxes since dawn.
- Andrea and Urison **have been boxing** my boxes since dawn.
- My cat **has been boxing** my boxes since dawn.

Ahora con *o* al final:

- I **have been doing** my work all day.
- You **have been doing** your work all day.
- We **have been doing** our work all day.
- They **have been doing** their work all day.
- He **has been doing** his work all day.
- She **has been doing** her work all day.
- It **has been doing** its work all day.
- Andrea **has been doing** her work all day.
- Urison **has been doing** his work all day.
- Andrea and Urison **have been doing** their work all day.
- My cat **has been doing** its work all day.

- I **have been going** around all day.

- You **have been going** around all day.
- We **have been going** around all day.
- They **have been going** around all day.
- He **has been going** around all day.
- She **has been going** around all day.
- It **has been going** around all day.
- Andrea **has been going** around all day.
- Urison **has been going** around all day.
- Andrea and Urison **have been going** around all day.
- My cat **has been going** around all day.

Ahora este:

- I **have been having** fun since the party started.
- You **have been having** fun since the party started.
- We **have been having** fun since the party started.
- They **have been having** fun since the party started.
- He **has been having** fun since the party started.
- She **has been having** fun since the party started.
- It **has been having** fun since the party started.
- Andrea **has been having** fun since the party started.
- Urison **has been having** fun since the party started.
- Andrea and Urison **have been having** fun since the party started.
- My cat **has been having** fun since the party started.

"Have been" y "has been" son frases auxiliares. *Have* es el verbo principal.

- I **have been having** vegetables for dinner for three years.
- You **have been having** vegetables for dinner for three years.
- We **have been having** vegetables for dinner for three years.
- They **have been having** vegetables for dinner for

three years.

- He **has been having** vegetables for dinner for three years.
- She **has been having** vegetables for dinner for three years.
- It **has been having** vegetables for dinner for three years.
- Andrea **has been having** vegetables for dinner for three years.
- Urison **has been having** vegetables for dinner for three years.
- Andrea and Urison **have been having** vegetables for dinner for three years.
- My cat **has been having** vegetables for dinner for three years.

Ahora con *th* al final:

- I **have been breathing** since birth.
- You **have been breathing** since birth.
- We **have been breathing** since birth.
- They **have been breathing** since birth..
- He **has been breathing** since birth.
- She **has been breathing** since birth.
- It **has been breathing** since birth.
- Andrea **has been breathing** since birth.
- Urison **has been breathing** since birth.
- Andrea and Urison **have been breathing** since birth.
- My cat **has been breathing** since birth.

Y ahora verbos de una sílaba:

- I **have been running** for an hour.
- You **have been running** for an hour.
- We **have been running** for an hour.
- They **have been running** for an hour.

- He **has been running** for an hour.
- She **has been running** for an hour.
- It **has been running** for an hour.
- Andrea **has been running** for an hour.
- Urison **has been running** for an hour.
- Andrea and Urison **have been running** for an hour.
- My cat **has been running** for an hour.

- I **have been swimming** after the water was tested.
- You **have been swimming** after the water was tested.
- We **have been swimming** after the water was tested.
- They **have been swimming** after the water was tested.
- He **has been swimming** after the water was tested.
- She **has been swimming** after the water was tested.
- It **has been swimming** after the water was tested.
- Andrea **has been swimming** after the water was tested.
- Urison **has been swimming** after the water was tested.
- Andrea and Urison **have been swimming** after the water was tested.
- My cat **has been swimming** after the water was tested.

2.4 Presente perfecto

Observemos estos dos ejemplos:

- Andrea **has been studying** music for five years.
- Andrea **has studied** music for five years.

En el primer ejemplo, Andrea ha estado estudiando música pero todavía no ha terminado de hacerlo. Andrea puede continuar estudiando música en el futuro. Este es el tiempo presente perfecto continuo. En el segundo ejemplo, Andrea ha estudiado y aún continúa estudiando. Este es el presente perfecto.

Estos dos, aunque en diferentes tiempos, tienen el mismo significado. Podemos usar cualquiera de los dos para decir lo mismo. Veamos, sin embargo, los siguientes ejemplos.

- Andrea **has been learning** this piece of music.
- Andrea **has learned** this piece of music.

Estos dos ejemplos, sin embargo, tienen significados completamente distintos. En el primer ejemplo, Andrea ha estado aprendiendo esa pieza de música, y continúa aprendiendo esta pieza de música. Es presente perfecto continuo. En el segundo ejemplo, Andrea ya ha aprendido esta pieza de música, y se detuvo. Sí ella quiere, puede continuar aprendiendo esta pieza de música más adelante, pero por ahora, la acción está terminada. Este es el presente perfecto.

En el tiempo presente perfecto, hablamos de cosas que han sucedido en el pasado, continúan en el presente, y pueden continuar en el futuro. He aquí un ejemplo:

- Andrea **has studied** music for five years.

Andrea es el sujeto, *has* es el verbo auxiliar, y el verbo *study* está en su forma de pasado participio.

Usamos el tiempo presente perfecto para:

1. Hablar de cosas que sucedieron en el pasado y continúan en el presente:
   - Andrea **has studied** music for five years.
   - They **have studied** together for two years.
   - Jason **has gazed** at the stars for an hour.
   - The birds **have eaten** my sunflower seeds for three days.

2. Hablar de acciones que aún no han terminado:
   - Andrea **has studied** hard this year.
   - They **have studied** together these two years.
   - Jason **has gazed** at the stars this hour.
   - The birds **have eaten** my sunflower seeds these days.

3. Hablar acerca de acciones repetidas durante un período indeterminado entre el pasado y el presente:
   - Andrea **has studied** that piece of music six times.
   - They **have studied** together many times.
   - Jason **has gazed** at the stars frequently.
   - The birds **have eaten** my sunflower seeds many times already.

4. Hablar de acciones que acaban de ser completadas:
   - Andrea **has** just **finished** studying.
   - They **have** just **finished**.
   - Jason **has** just **gazed** at the stars.
   - The birds **have** just **eaten** my sunflower seeds.

5. Hablar de acciones cuando el tiempo no es importante:
   - Andrea **has studied** violin, viola, and cello.

- They **have been** to Grand Canyon.
- Jason **has seen** that movie.
- The birds **have eaten** my sunflower seeds.

Primero observemos este ejemplo:

- They **have worked** on the moon for 30 minutes.

Esta es una oración estándar en presente perfecto. *They* es el sujeto, *have* es el verbo auxiliar, y *work* es el verbo principal en su forma de pasado participio.

¿Qué son los pasados participios? Echemos un vistazo a la siguiente tabla:

Verbo	Pasado participio
act be begin	acted been begun

Para los verbos regulares, agregamos *ed* al final de los verbos. Para los verbos irregulares, usamos las formas del pasado participio de los verbos.

Aquí hay una lista de verbos irregulares comunes.

Verbo	Tiempo pasado	Pasado participio
arise be bear become begin	arose was/were bore became began	arisen been borne become begun

bite	bit	bitten
blow	blew	blown
break	broke	broken
bring	brought	brought
buy	bought	bought
catch	caught	caught
choose	chose	chosen
come	came	come
creep	crept	crept
dive	dove	dived
do	did	done
draw	drew	drawn
drink	drank	drunk
drive	drove	driven
eat	ate	eaten
fall	fell	fallen
fight	fought	fought
fly	flew	flown
forget	forgot	forgotten
forgive	forgave	forgiven
freeze	froze	frozen
get	got	got/gotten
give	gave	given
go	went	gone
grow	grew	grown
hang	hung	hung
have	had	had
hide	hid	hidden
know	knew	known
lay	laid	laid
lead	led	led
lie	lay	lain
light	lit	lit
lose	lost	lost
prove	proved	proven
ride	rode	ridden
ring	rang	rung

rise	rose	risen
run	ran	run
see	saw	seen
seek	sought	sought
set	set	set
shake	shook	shaken
sing	sang	sung
sink	sank	sunk
sit	sat	sat
speak	spoke	spoken
spring	sprung	sprung
steal	stole	stolen
sting	stung	stung
strike	struck	struck
swear	swore	sworn
swim	swam	swum
swing	swung	swung
take	took	taken
tear	tore	torn
throw	threw	thrown
wake	woke	woken
wear	wore	worn
write	wrote	written

Vamos a sumergirnos en algunos ejercicios:

- I **have thrown** a rock into the water.
- You **have thrown** a rock into the water.
- We **have thrown** a rock into the water.
- They **have thrown** a rock into the water.
- He **has thrown** a rock into the water.
- She **has thrown** a rock into the water.
- It **has thrown** a rock into the water.
- Andrea **has thrown** a rock into the water.
- Urison **has thrown** a rock into the water.
- Andrea and Urison **have thrown** a rock into the

water.
- My cat **has thrown** a rock into the water.

Analicemos este ejercicio. "**A** rock." *A* indica que he tirado una roca cualquiera al agua y que puedo continuar tirando rocas. Esta acción puede continuar. Aquí podemos usar el presente perfecto, o podemos usar el presente perfecto continuo.

Otro ejercicio:

- I **have thrown** the rock into the water.
- You **have thrown** the rock into the water.
- We **have thrown** the rock into the water.
- They **have thrown** the rock into the water.
- He **has thrown** the rock into the water.
- She **has thrown** the rock into the water.
- It **has thrown** the rock into the water.
- Andrea **has thrown** the rock into the water.
- Urison **has thrown** the rock into the water.
- Andrea and Urison **have thrown** the rock into the water.
- My cat **has thrown** the rock into the water.

Echemos un vistazo aquí. "**The** rock." *The* indica que yo estoy arrojando una roca específica al agua. Una vez que la haya arrojado, ya no habrá más rocas que arrojar. La acción está terminada. Aquí solo podemos usar el presente perfecto.

Aquí hay más ejercicios:

- I **have conveyed** the message.
- You **have conveyed** the message.
- We **have conveyed** the message.
- They **have conveyed** the message.
- He **has conveyed** the message.

- She **has conveyed** the message.
- It **has conveyed** the message.
- Andrea **has conveyed** the message.
- Urison **has conveyed** the message.
- Andrea and Urison **have conveyed** the message.
- My cat **has conveyed** the message.

Lo mismo aquí. "**The** message." Hay un mensaje específico, y yo he transmitido el mensaje. Ya no hay otro mensaje qué transmitir. La acción está terminada. Aquí solo podemos usar el presente perfecto.

Intentemos algunos otros ejercicios:

- I **have taken** my flying lesson this week.
- You **have taken** your flying lesson this week.
- We **have taken** our flying lesson this week.
- They **have taken** their flying lesson this week.
- He **has taken** his flying lesson this week.
- She **has taken** her flying lesson this week.
- It **has taken** its flying lesson this week.
- Andrea **has taken** her flying lesson this week.
- Urison **has taken** his flying lesson this week.
- Andrea and Urison **have taken** their flying lesson this week.
- My cat **has taken** its flying lesson this week.

- I **have written** the letter.
- You **have written** the letter.
- We **have written** the letter.
- They **have written** the letter.
- He **has written** the letter.
- She **has written** the letter.
- It **has written** the letter.
- Andrea **has written** the letter.
- Urison **has written** the letter.

- Andrea and Urison **have written** the letter.
- My cat **has written** the letter.

- I **have planted** sunflower seeds this year.
- You **have planted** sunflower seeds this year.
- We **have planted** sunflower seeds this year.
- They **have planted** sunflower seeds this year.
- He **has planted** sunflower seeds this year.
- She **has planted** sunflower seeds this year.
- It **has planted** sunflower seeds this year.
- Andrea **has planted** sunflower seeds this year.
- Urison **has planted** sunflower seeds this year.
- Andrea and Urison **have planted** sunflower seeds this year.
- My cat **has planted** sunflower seeds this year

Ahora veamos un ejercicio diferente:

- I **have enjoyed** life for three days.
- You **have enjoyed** life for three days.
- We **have enjoyed** life for three days.
- They **have enjoyed** life for three days.
- He **has enjoyed** life for three days.
- She **has enjoyed** life for three days.
- It **has enjoyed** life for three days.
- Andrea **has enjoyed** life for three days.
- Urison **has enjoyed** life for three days.
- Andrea and Urison **have enjoyed** life for three days.
- My cat **has enjoyed** life for three days.

"I **have enjoyed** life for three days." Puedo continuar disfrutando la vida durante más tiempo. Esta acción puede continuar. Por lo tanto, también podemos escribir esta oración en el tiempo presente perfecto continuo como: "I **have been enjoying** life for three days.".

- I **have played** the piano for a long time.
- You **have played** the piano for a long time.
- We **have played** the piano for a long time.
- They **have played** the piano for a long time.
- He **has played** the piano for a long time.
- She **has played** the piano for a long time.
- It **has played** the piano for a long time.
- Andrea **has played** the piano for a long time.
- Urison **has played** the piano for a long time.
- Andrea and Urison **have played** the piano for a long time.
- My cat **has played** the piano for a long time.

Lo mismo con este ejercicio. Puedo continuar tocando el piano durante más tiempo. Esta acción puede continuar. Por lo tanto, también podemos escribir esta oración en el tiempo presente perfecto continuo.

Intentemos más ejercicios:

- I **have surveyed** human interactions for three months.
- You **have surveyed** human interactions for three months.
- We **have surveyed** human interactions for three months.
- They **have surveyed** human interactions for three months.
- He **has surveyed** human interactions for three months.
- She **has surveyed** human interactions for three months.
- It **has surveyed** human interactions for three months.
- Andrea **has surveyed** human interactions for three months.
- Urison **has surveyed** human interactions for three

months.
- Andrea and Urison **have surveyed** human interactions for three months.
- My cat **has surveyed** human interactions for three months.

Continuemos con más ejercicios:

- I **have partied** since the party started.
- You **have partied** since the party started.
- We **have partied** since the party started.
- They **have partied** since the party started.
- He **has partied** since the party started.
- She **has partied** since the party started.
- It **has partied** since the party started.
- Andrea **has partied** since the party started.
- Urison **has partied** since the party started.
- Andrea and Urison **have partied** since the party started.
- My cat **has partied** since the party started.

- I **have watched** the night sky for four hours.
- You **have watched** the night sky for four hours.
- We **have watched** the night sky for four hours.
- They **have watched** the night sky for four hours.
- He **has watched** the night sky for four hours.
- She **has watched** the night sky for four hours.
- It **has watched** the night sky for four hours.
- Andrea **has watched** the night sky for four hours.
- Urison **has watched** the night sky for four hours.
- Andrea and Urison **have watched** the night sky for four hours.
- My cat **has watched** the night sky for four hours.

- I **have taught** English since the opening of this school.

- You **have taught** English since the opening of this school.
- We **have taught** English since the opening of this school.
- They **have taught** English since the opening of this school.
- He **has taught** English since the opening of this school.
- She **has taught** English since the opening of this school.
- It **has taught** English since the opening of this school.
- Andrea **has taught** English since the opening of this school.
- Urison **has taught** English since the opening of this school.
- Andrea and Urison **have taught** English since the opening of this school.
- My cat **has taught** English since the opening of this school.

Aquí hay más:

- I **have pushed** the bush since the beginning of the martial art training.
- You **have pushed** the bush since the beginning of the martial art training.
- We **have pushed** the bush since the beginning of the martial art training.
- They **have pushed** the bush since the beginning of the martial art training.
- He **has pushed** the bush since the beginning of the martial art training.
- She **has pushed** the bush since the beginning of the martial art training.
- It **has pushed** the bush since the beginning of the martial art training.
- Andrea **has pushed** the bush since the beginning of

martial art training.

- Urison **has pushed** the bush since the beginning of the martial art training.
- Andrea and Urison **have pushed** the bush since the beginning of the martial art training.
- My cat **has pushed** the bush since the beginning of the martial art training.

- I **have crossed** crossroads after age 11.
- You **have crossed** crossroads after age 11.
- We **have crossed** crossroads after age 11.
- They **have crossed** crossroads after age 11.
- He **has crossed** crossroads after age 11.
- She **has crossed** crossroads after age 11.
- It **has crossed** crossroads after age 11.
- Andrea **has crossed** crossroads after age 11.
- Urison **has crossed** crossroads after age 11.
- Andrea and Urison **have crossed** crossroads after age 11.
- My cat **has crossed** crossroads after age 11.

- I **have buzzed** along the runway all morning.
- You **have buzzed** along the runway all morning.
- We **have buzzed** along the runway all morning.
- They **have buzzed** along the runway all morning.
- He **has buzzed** along the runway all morning.
- She **has buzzed** along the runway all morning.
- It **has buzzed** along the runway all morning.
- Andrea **has buzzed** along the runway all morning.
- Urison **has buzzed** along the runway all morning.
- Andrea and Urison **have buzzed** along the runway all morning.
- My cat **has buzzed** along the runway all morning.

- I **have jazzed** all night.
- You **have jazzed** all night.

- We **have jazzed** all night.
- They **have jazzed** all night.
- He **has jazzed** all night.
- She **has jazzed** all night.
- It **has jazzed** all night.
- Andrea **has jazzed** all night.
- Urison **has jazzed** all night.
- Andrea and Urison **have jazzed** all night.
- My cat **has jazzed** all night.

- I **have boxed** my boxes.
- You **have boxed** my boxes.
- We **have boxed** my boxes.
- They **have boxed** my boxes.
- He **has boxed** my boxes.
- She **has boxed** my boxes.
- It **has boxed** my boxes.
- Andrea **has boxed** my boxes.
- Urison **has boxed** my boxes.
- Andrea and Urison **have boxed** my boxes.
- My cat **has boxed** my boxes.

- I **have done** my work.
- You **have done** your work.
- We **have done** our work.
- They **have done** their work.
- He **has done** his work.
- She **has done** her work.
- It **has done** its work.
- Andrea **has done** her work.
- Urison **has done** his work.
- Andrea and Urison **have done** their work.
- My cat **has done** its work.

- I **have gone** all the way to the end.
- You **have gone** all the way to the end.

- We **have gone** all the way to the end.
- They **have gone** all the way to the end.
- He **has gone** all the way to the end.
- She **has gone** all the way to the end.
- It **has gone** all the way to the end.
- Andrea **has gone** all the way to the end.
- Urison **has gone** all the way to the end.
- Andrea and Urison **have gone** all the way to the end.
- My cat **has gone** all the way to the end.

- I **have had** fun.
- You **have had** fun.
- We **have had** fun.
- They **have had** fun.
- He **has had** fun.
- She **has had** fun.
- It **has had** fun.
- Andrea **has had** fun.
- Urison **has had** fun.
- Andrea and Urison **have had** fun.
- My cat **has had** fun.

- I **have had** vegetables.
- You **have had** vegetables.
- We **have had** vegetables.
- They **have had** vegetables.
- He **has had** vegetables.
- She **has had** vegetables.
- It **has had** vegetables.
- Andrea **has had** vegetables.
- Urison **has had** vegetables.
- Andrea and Urison **have had** vegetables.
- My cat **has had** vegetables.

- I **have run** for an hour.
- You **have run** for an hour.

- We **have run** for an hour.
- They **have run** for an hour.
- He **has run** for an hour.
- She **has run** for an hour.
- It **has run** for an hour.
- Andrea **has run** for an hour.
- Urison **has run** for an hour.
- Andrea and Urison **have run** for an hour.
- My cat **has run** for an hour.

- I **have swum** before the water was tested.
- You **have swum** before the water was tested.
- We **have swum** before the water was tested.
- They **have swum** before the water was tested.
- He **has swum** before the water was tested.
- She **has swum** before the water was tested.
- It **has swum** before the water was tested.
- Andrea **has swum** before the water was tested.
- Urison **has swum** before the water was tested.
- Andrea and Urison **have swum** before the water was tested.
- My cat **has swum** before the water was tested.

- I **have washed** marsh for five years.
- You **have washed** marsh for five years.
- We **have washed** marsh for five years.
- They **have washed** marsh for five years.
- He **has washed** marsh for five years.
- She **has washed** marsh for five years.
- It **has washed** marsh for five years.
- Andrea **has washed** marsh for five years.
- Urison **has washed** marsh for five years.
- Andrea and Urison **have washed** marsh for five years.
- My cat **has washed** marsh for five years.

- I **have studied** hard this year.
- You **have studied** hard this year.
- We **have studied** hard this year.
- They **have studied** hard this year.
- He **has studied** hard this year.
- She **has studied** hard this year.
- It **has studied** hard this year.
- Andrea **has studied** hard this year.
- Urison **has studied** hard this year.
- Andrea and Urison **have studied** hard this year.
- My cat **has studied** hard this year.

- I **have studied** this piece of music six times.
- You **have studied** this piece of music six times.
- We **have studied** this piece of music six times.
- They **have studied** this piece of music six times.
- He **has studied** this piece of music six times.
- She **has studied** this piece of music six times.
- It **has studied** this piece of music six times.
- Andrea **has studied** this piece of music six times.
- Urison **has studied** this piece of music six times.
- Andrea and Urison **have studied** this piece of music six times.
- My cat **has studied** this piece of music six times.

- I **have** just **finished studying**.
- You **have** just **finished studying**.
- We **have** just **finished studying**.
- They **have** just **finished studying**.
- He **has** just **finished studying**.
- She **has** just **finished studying**.
- It **has** just **finished studying**.
- Andrea **has** just **finished studying**.
- Urison **has** just **finished studying**.
- Andrea and Urison **have** just **finished studying**.
- My cat **has** just **finished studying**.

Ahora este.

- I **have been** to Grand Canyon.
- You **have been** to Grand Canyon.
- We **have been** to Grand Canyon.
- They **have been** to Grand Canyon.
- He **has been** to Grand Canyon.
- She **has been** to Grand Canyon.
- It **has been** to Grand Canyon.
- Andrea **has been** to Grand Canyon.
- Urison **has been** to Grand Canyon.
- Andrea and Urison **have been** to Grand Canyon.
- My cat **has been** to Grand Canyon.

Capítulo 3: Tiempo pasado

El tiempo pasado se usa para cosas que ya han sucedido. Podrían haber pasado hace un año, hace un día, o hace un segundo.

Repasemos. Los tiempos pasados son:

- Pasado simple
- Pasado continuo
- Pasado perfecto continuo
- Pasado perfecto

3.1 Pasado simple

Echa un vistazo a esta oración:

- We **landed** on the moon in 1969.

El verbo *land* está en tiempo pasado. Ahora, si cambiamos el sujeto a *she*, no es necesario cambiar nada más.

- She **landed** on the moon in 1969.

Usamos el pasado simple para hablar de cosas que sucedieron en el pasado:

1. En un momento específico:
   - Andrea **played** the piano yesterday.
   - They **studied** together last year.
   - Jason **gazed** at the stars last night.
   - Birds ate my sunflower seeds this morning.

2. En un momento no especificado:
   - Andrea **played** the piano a long time ago.
   - They **studied** together when they were five.
   - Jason **gazed** at the stars some time ago.
   - Birds ate my sunflower seeds the other day.

3. Durante un período de tiempo:
   - Andrea **played** the piano for two weeks.
   - They **studied** together for two years.
   - Jason **gazed** at the stars for three days.
   - Birds **ate** my sunflower seeds for an hour.

Comencemos:

- I **woke** up at seven this morning.
- You **woke** up at seven this morning.

- We **woke** up at seven this morning.
- They **woke** up at seven this morning.
- He **woke** up at seven this morning.
- She **woke** up at seven this morning.
- It **woke** up at seven this morning.
- Andrea **woke** up at seven this morning.
- Urison **woke** up at seven this morning.
- Andrea and Urison **woke** up at seven this morning.
- My cat **woke** up at seven this morning.

- I **played** the piano yesterday.
- You **played** the piano yesterday.
- We **played** the piano yesterday.
- They **played** the piano yesterday.
- He **played** the piano yesterday.
- She **played** the piano yesterday.
- It **played** the piano yesterday.
- Andrea **played** the piano yesterday.
- Urison **played** the piano yesterday.
- Andrea and Urison **played** the piano yesterday.
- My cat **played** the piano yesterday.

- I **enjoyed** the show yesterday.
- You **enjoyed** the show yesterday.
- We **enjoyed** the show yesterday.
- They **enjoyed** the show yesterday.
- He **enjoyed** the show yesterday.
- She **enjoyed** the show yesterday.
- It **enjoyed** the show yesterday.
- Andrea **enjoyed** the show yesterday.
- Urison **enjoyed** the show yesterday.
- Andrea and Urison **enjoyed** the show yesterday.
- My cat **enjoyed** the show yesterday.

- I **threw** a rock into the water.
- You **threw** a rock into the water.

- We **threw** a rock into the water.
- They **threw** a rock into the water.
- He **threw** a rock into the water.
- She **threw** a rock into the water.
- It **threw** a rock into the water.
- Andrea **threw** a rock into the water.
- Urison **threw** a rock into the water.
- Andrea and Urison **threw** a rock into the water.
- My cat **threw** a rock into the water.

- I **conveyed** a message five minutes ago.
- You **conveyed** a message five minutes ago.
- We **conveyed** a message five minutes ago.
- They **conveyed** a message five minutes ago.
- He **conveyed** a message five minutes ago.
- She **conveyed** a message five minutes ago.
- It **conveyed** a message five minutes ago.
- Andrea **conveyed** a message five minutes ago.
- Urison **conveyed** a message five minutes ago.
- Andrea and Urison **conveyed** a message five minutes ago.
- My cat **conveyed** a message five minutes ago.

- I **took** my flying lesson this week.
- You **took** your flying lesson this week.
- We **took** our flying lesson this week.
- They **took** their flying lesson this week.
- He **took** his flying lesson this week.
- She **took** her flying lesson this week.
- It **took** its flying lesson this week.
- Andrea **took** her flying lesson this week.
- Urison **took** his flying lesson this week.
- Andrea and Urison **took** their flying lesson this week.
- My cat **took** its flying lesson this week.

- I **wrote** a letter.

- You **wrote** a letter.
- We **wrote** a letter.
- They **wrote** a letter.
- He **wrote** a letter.
- She **wrote** a letter.
- It **wrote** a letter.
- Andrea **wrote** a letter.
- Urison **wrote** a letter.
- Andrea and Urison **wrote** a letter.
- My cat **wrote** a letter.

- I **planted** sunflower seeds last month.
- You **planted** sunflower seeds last month.
- We **planted** sunflower seeds last month.
- They **planted** sunflower seeds last month.
- He **planted** sunflower seeds last month.
- She **planted** sunflower seeds last month.
- It **planted** sunflower seeds last month.
- Andrea **planted** sunflower seeds last month.
- Urison **planted** sunflower seeds last month.
- Andrea and Urison **planted** sunflower seeds last month.
- My cat **planted** sunflower seeds last month.

Continuemos:

- I **surveyed** human interactions three months ago.
- You **surveyed** human interactions three months ago.
- We **surveyed** human interactions three months ago.
- They **surveyed** human interactions three months ago.
- He **surveyed** human interactions three months ago.
- She **surveyed** human interactions three months ago.
- It **surveyed** human interactions three months ago.
- Andrea **surveyed** human interactions three months ago.
- Urison **surveyed** human interactions three months

ago.
- Andrea and Urison **surveyed** human interactions three months ago.
- My cat **surveyed** human interactions three months ago.

- I **partied** last night.
- You **partied** last night.
- We **partied** last night.
- They **partied** last night.
- He **partied** last night.
- She **partied** last night.
- It **partied** last night.
- Andrea **partied** last night.
- Urison **partied** last night.
- Andrea and Urison **partied** last night.
- My cat **partied** last night.

- I **watched** the sky last night.
- You **watched** the sky last night.
- We **watched** the sky last night.
- They **watched** the sky last night.
- He **watched** the sky last night.
- She **watched** the sky last night.
- It **watched** the sky last night.
- Andrea **watched** the sky last night.
- Urison **watched** the sky last night.
- Andrea and Urison **watched** the sky last night.
- My cat **watched** the sky last night.

- I **munched** the apple a few minutes ago.
- You **munched** the apple a few minutes ago.
- We **munched** the apple a few minutes ago.
- They **munched** the apple a few minutes ago.
- He **munched** the apple a few minutes ago.
- She **munched** the apple a few minutes ago.

- It **munched** the apple a few minutes ago.
- Andrea **munched** the apple a few minutes ago.
- Urison **munched** the apple a few minutes ago.
- Andrea and Urison **munched** the apple a few minutes ago.
- My cat **munched** the apple a few minutes ago.

- I **taught** English yesterday.
- You **taught** English yesterday.
- We **taught** English yesterday.
- They **taught** English yesterday.
- He **taught** English yesterday.
- She **taught** English yesterday.
- It **taught** English yesterday.
- Andrea **taught** English yesterday.
- Urison **taught** English yesterday.
- Andrea and Urison **taught** English yesterday.
- My cat **taught** English yesterday.

- I **washed** the marsh an hour ago.
- You **washed** the marsh an hour ago.
- We **washed** the marsh an hour ago.
- They **washed** the marsh an hour ago.
- He **washed** the marsh an hour ago.
- She **washed** the marsh an hour ago.
- It **washed** the marsh an hour ago.
- Andrea **washed** the marsh an hour ago.
- Urison **washed** the marsh an hour ago.
- Andrea and Urison **washed** the marsh an hour ago.
- My cat **washed** the marsh an hour ago.

- I **pushed** the bush two hours ago.
- You **pushed** the bush two hours ago.
- We **pushed** the bush two hours ago.
- They **pushed** the bush two hours ago.
- He **pushed** the bush two hours ago.

- She **pushed** the bush two hours ago.
- It **pushed** the bush two hours ago.
- Andrea **pushed** the bush two hours ago.
- Urison **pushed** the bush two hours ago.
- Andrea and Urison **pushed** the bush two hours ago.
- My cat **pushed** the bush two hours ago.

- I **dressed** up yesterday.
- You **dressed** up yesterday.
- We **dressed** up yesterday.
- They **dressed** up yesterday.
- He **dressed** up yesterday.
- She **dressed** up yesterday.
- It **dressed** up yesterday.
- Andrea **dressed** up yesterday.
- Urison **dressed** up yesterday.
- Andrea and Urison **dressed** up yesterday.
- My cat **dressed** up yesterday.

- I **crossed** the crossroad at 11.
- You **crossed** the crossroad at 11.
- We **crossed** the crossroad at 11.
- They **crossed** the crossroad at 11.
- He **crossed** the crossroad at 11.
- She **crossed** the crossroad at 11.
- It **crossed** the crossroad at 11.
- Andrea **crossed** the crossroad at 11.
- Urison **crossed** the crossroad at 11.
- Andrea and Urison **crossed** the crossroad at 11.
- My cat **crossed** the crossroad at 11.

- I **buzzed** along the runway this morning.
- You **buzzed** along the runway this morning.
- We **buzzed** along the runway this morning.
- They **buzzed** along the runway this morning.
- He **buzzed** along the runway this morning.

- She **buzzed** along the runway this morning.
- It **buzzed** along the runway this morning.
- Andrea **buzzed** along the runway this morning.
- Urison **buzzed** along the runway this morning.
- Andrea and Urison **buzzed** along the runway this morning.
- My cat **buzzed** along the runway this morning.

- I **jazzed** tonight.
- You **jazzed** tonight.
- We **jazzed** tonight.
- They **jazzed** tonight.
- He **jazzed** tonight.
- She **jazzed** tonight.
- It **jazzed** tonight.
- Andrea **jazzed** tonight.
- Urison **jazzed** tonight.
- Andrea and Urison **jazzed** tonight.
- My cat **jazzed** tonight.

- I **boxed** my boxes at nine.
- You **boxed** my boxes at nine.
- We **boxed** my boxes at nine.
- They **boxed** my boxes at nine.
- He **boxed** my boxes at nine.
- She **boxed** my boxes at nine.
- It **boxed** my boxes at nine.
- Andrea **boxed** my boxes at nine.
- Urison **boxed** my boxes at nine.
- Andrea and Urison **boxed** my boxes at nine.
- My cat **boxed** my boxes at nine.

- I **did** my work this morning.
- You **did** your work this morning.
- We **did** our work this morning.
- They **did** their work this morning.

- He **did** his work this morning.
- She **did** her work this morning.
- It **did** its work this morning.
- Andrea **did** her work this morning.
- Urison **did** his work this morning.
- Andrea and Urison **did** their work this morning.
- My cat **did** its work this morning.

- I **went** all the way to the end.
- You **went** all the way to the end.
- We **went** all the way to the end.
- They **went** all the way to the end.
- He **went** all the way to the end.
- She **went** all the way to the end.
- It **went** all the way to the end.
- Andrea **went** all the way to the end.
- Urison **went** all the way to the end.
- Andrea and Urison **went** all the way to the end.
- My cat **went** all the way to the end.

- I **had** fun.
- You **had** fun.
- We **had** fun.
- They **had** fun.
- He **had** fun.
- She **had** fun.
- It **had** fun.
- Andrea **had** fun.
- Urison **had** fun.
- Andrea and Urison **had** fun.
- My cat **had** fun.

- I **had** vegetables for dinner last night.
- You **had** vegetables for dinner last night.
- We **had** vegetables for dinner last night.
- They **had** vegetables for dinner last night.

- He **had** vegetables for dinner last night.
- She **had** vegetables for dinner last night.
- It **had** vegetables for dinner last night.
- Andrea **had** vegetables for dinner last night.
- Urison **had** vegetables for dinner last night.
- Andrea and Urison **had** vegetables for dinner last night.
- My cat **had** vegetables for dinner last night.

- I **ran** for an hour.
- You **ran** for an hour.
- We **ran** for an hour.
- They **ran** for an hour.
- He **ran** for an hour.
- She **ran** for an hour.
- It **ran** for an hour.
- Andrea **ran** for an hour.
- Urison **ran** for an hour.
- Andrea and Urison **ran** for an hour.
- My cat **ran** for an hour.

- I **swam** before the water was tested.
- You **swam** before the water was tested.
- We **swam** before the water was tested.
- They **swam** before the water was tested.
- He **swam** before the water was tested.
- She **swam** before the water was tested.
- It **swam** before the water was tested.
- Andrea **swam** before the water was tested.
- Urison **swam** before the water was tested.
- Andrea and Urison **swam** before the water was tested.
- My cat **swam** before the water was tested.

3.2 Pasado continuo

Para aprender el pasado continuo, observemos esta oración:

- At this time yesterday we **were landing** on the moon.

El verbo auxiliar es *were* y el verbo principal es *land (+*ing*).* Si cambiamos el sujeto a *she* entonces será necesario que cambiemos el verbo auxiliar a *was*:

- At this time yesterday she **was landing** on the moon.

Cuando el sujeto es la tercera persona del singular o la primera persona, debemos usar *was* como verbo auxiliar. Para todos los otros sujetos, usamos *were*.

Usamos el pasado continuo para hablar de:

1. Cosas que estaban sucediendo en el pasado mientras algo más sucedía:
   - Yesterday, while my cat **was landing** on the moon, NASA called.
   - Last week, while you **were** practicing English, my cat meowed.
   - This morning, the birds **were singing** while the sun **was** rising.
   - While the kids **were playing** in the snow, I **watched**.

2. Cosas que se completaron en un momento específico en el pasado:
   - Yesterday at 10, my cat **was landing** on the moon.
   - An hour ago, you **were** practicing English.
   - This morning at six, the birds **were singing**.
   - Twenty minutes ago, the kids **were playing** snow.

Comencemos con el pasado continuo:

- I **was listening** to audiobooks when you called.
- You **were listening** to audiobooks when I called.
- We **were listening** to audiobooks when you called.
- They **were listening** to audiobooks when you called..
- He **was listening** to audiobooks when you called.
- She **was listening** to audiobooks when you called.
- It **was listening** to audiobooks when you called.
- Andrea **was listening** to audiobooks when you called.
- Urison **was listening** to audiobooks when you called.
- Andrea and Urison **were listening** to audiobooks when you called.
- My cat **was listening** to audiobooks when you called.

- I **was playing** when a UFO **landed**.
- You **were playing** when a UFO **landed**.
- We **were playing** when a UFO **landed**.
- They **were playing** when a UFO **landed**.
- He **was playing** when a UFO **landed**.
- She **was playing** when a UFO **landed**.
- It **was playing** when a UFO **landed**.
- Andrea **was playing** when a UFO **landed**.
- Urison **was playing** when a UFO **landed**.
- Andrea and Urison **were playing** when a UFO **landed**.
- My cat **was playing** when a UFO **landed**.

- I **was enjoying** life while World War II started.
- You **were enjoying** life while World War II started.
- We **were enjoying** life while World War II started.
- They **were enjoying** life while World War II started.
- He **was enjoying** life while World War II started.
- She **was enjoying** life while World War II started.
- It **was enjoying** life while World War II started.
- Andrea **was enjoying** life while World War II started.

- Urison **was enjoying** life while World War II started.
- Andrea and Urison **were enjoying** life while World War II started.
- My cat **was enjoying** life while World War II started.

- I **was surveying** human behavior when a happy man showed up.
- You **were surveying** human behavior when a happy man showed up.
- We **were surveying** human behavior when a happy man showed up.
- They **were surveying** human behavior when a happy man showed up.
- He **was surveying** human behavior when a happy man showed up.
- She **was surveying** human behavior when a happy man showed up.
- It **was surveying** human behavior when a happy man showed up.
- Andrea **was surveying** human behavior when a happy man showed up.
- Urison **was surveying** human behavior when a happy man showed up.
- Andrea and Urison **were surveying** human behavior when a happy man showed up.
- My cat **was surveying** human behavior when a happy man showed up.

Continuemos:

- I **was studying** at 10 o'clock.
- You **were studying** at 10 o'clock.
- We **were studying** at 10 o'clock.
- They **were studying** at 10 o'clock.
- He **was studying** at 10 o'clock.
- She **was studying** at 10 o'clock.

- It **was studying** at 10 o'clock.
- Andrea **was studying** at 10 o'clock.
- Urison **was studying** at 10 o'clock.
- Andrea and Urison **were studying** at 10 o'clock.
- My cat **was studying** at 10 o'clock.

- I **was partying** while the music started.
- You **were partying** while the music started.
- We **were partying** while the music started.
- They **were partying** while the music started.
- He **was partying** while the music started.
- She **was partying** while the music started.
- It **was partying** while the music started.
- Andrea **was partying** while the music started.
- Urison **was partying** while the music started.
- Andrea and Urison **were partying** while the music started.
- My cat **was partying** while the music started.

- I **was teaching** English while he watched.
- You **were teaching** English while he watched.
- We **were teaching** English while he watched.
- They **were teaching** English while he watched.
- He **was teaching** English while he watched.
- She **was teaching** English while he watched.
- It **was teaching** English while he watched.
- Andrea **was teaching** English while he watched.
- Urison **was teaching** English while he watched.
- Andrea and Urison **were teaching** English while he watched.
- My cat **was teaching** English while he watched.

- I **was watching** stars while a meteor flashed across the sky.
- You **were watching** stars while a meteor flashed across the sky.

- We **were watching** stars while a meteor flashed across the sky.
- They **were watching** stars while a meteor flashed across the sky.
- He **was watching** stars while a meteor flashed across the sky.
- She **was watching** stars while a meteor flashed across the sky.
- It **was watching** stars while a meteor flashed across the sky.
- Andrea **was watching** stars while a meteor flashed across the sky.
- Urison **was watching** stars while a meteor flashed across the sky.
- Andrea and Urison **were watching** stars while a meteor flashed across the sky.
- My cat **was watching** stars while a meteor flashed across the sky.

- I **was munching** apples while a leaf fell from the tree.
- You **were munching** apples while a leaf fell from the tree.
- We **were munching** apples while a leaf fell from the tree.
- They **were munching** apples while a leaf fell from the tree.
- He **was munching** apples while a leaf fell from the tree.
- She **was munching** apples while a leaf fell from the tree.
- It **was munching** apples while a leaf fell from the tree.
- Andrea **was munching** apples while a leaf fell from the tree.
- Urison **was munching** apples while a leaf fell from the tree.
- Andrea and Urison **were munching** apples while a

leaf fell from the tree.
- My cat **was munching** apples while a leaf fell from the tree.

- I **was washing** the marsh while a fish came.
- You **were washing** the marsh while a fish came.
- We **were washing** the marsh while a fish came.
- They **were washing** the marsh while a fish came.
- He **was washing** the marsh while a fish came.
- She **was washing** the marsh while a fish came.
- It **was washing** the marsh while a fish came.
- Andrea **was washing** the marsh while a fish came.
- Urison **was washing** the marsh while a fish came.
- Andrea and Urison **were washing** the marsh while a fish came.
- My cat **was washing** the marsh while a fish came.

- I **was pushing** the bush when a guest arrived.
- You **were pushing** the bush when a guest arrived.
- We **were pushing** the bush when a guest arrived.
- They **were pushing** the bush when a guest arrived.
- He **was pushing** the bush when a guest arrived.
- She **was pushing** the bush when a guest arrived.
- It **was pushing** the bush when a guest arrived.
- Andrea **was pushing** the bush when a guest arrived.
- Urison **was pushing** the bush when a guest arrived.
- Andrea and Urison **were pushing** the bush when a guest arrived.
- My cat **was pushing** the bush when a guest arrived.

- I **was crossing** crossroads when my clock hit 11.
- You **were crossing** crossroads when my clock hit 11.
- We **were crossing** crossroads when my clock hit 11.
- They **were crossing** crossroads when my clock hit 11.
- He **was crossing** crossroads when my clock hit 11.

- She **was crossing** crossroads when my clock hit 11.
- It **was crossing** crossroads when my clock hit 11.
- Andrea **was crossing** crossroads when my clock hit 11.
- Urison **was crossing** crossroads when my clock hit 11.
- Andrea and Urison **were crossing** crossroads when my clock hit 11.
- My cat **was crossing** crossroads when my clock hit 11.

- I **was buzzing** along the runway while they were playing the game.
- You **were buzzing** along the runway while they were playing the game.
- We **were buzzing** along the runway while they were playing the game.
- They **were buzzing** along the runway while they were playing the game.
- He **was buzzing** along the runway while they were playing the game.
- She **was buzzing** along the runway while they were playing the game.
- It **was buzzing** along the runway while they were playing the game.
- Andrea **was buzzing** along the runway while they were playing the game.
- Urison **was buzzing** along the runway while they were playing the game.
- Andrea and Urison **were buzzing** along the runway while they were playing the game.
- My cat **was buzzing** along the runway while they were playing the game.

- I **was jazzing** at that time.
- You **were jazzing** at that time.
- We **were jazzing** at that time.

- They **were jazzing** at that time.
- He **was jazzing** at that time.
- She **was jazzing** at that time.
- It **was jazzing** at that time.
- Andrea **was jazzing** at that time.
- Urison **was jazzing** at that time.
- Andrea and Urison **were jazzing** at that time.
- My cat **was jazzing** at that time.

- While I **was boxing** my boxes, it began.
- While you **were boxing** my boxes, it began.
- While we **were boxing** my boxes, it began.
- While they **were boxing** my boxes, it began.
- While he **was boxing** my boxes, it began.
- While she **was boxing** my boxes, it began.
- While it **was boxing** my boxes, it began.
- While Andrea **was boxing** my boxes, it began.
- While Urison **was boxing** my boxes, it began.
- While Andrea and Urison **were boxing** my boxes, it began.
- While my cat **was boxing** my boxes, it began.

- I **was doing** my work before three.
- You **were doing** your work before three.
- We **were doing** our work before three.
- They **were doing** their work before three.
- He **was doing** his work before three.
- She **was doing** her work before three.
- It **was doing** its work before three.
- Andrea **was doing** her work before three.
- Urison **was doing** his work before three.
- Andrea and Urison **were doing** their work before three.
- My cat **was doing** its work before three.

- While I **was going** to work, it started.

- While you **were going** to work, it started.
- While we **were going** to work, it started.
- While they **were going** to work, it started.
- While he **was going** to work, it started.
- While she **was going** to work, it started.
- While it **was going** to work, it started.
- While Andrea **was going** to work, it started.
- While Urison **was going** to work, it started.
- While Andrea and Urison **were going** to work, it started.
- While my cat **was going** to work, it started.

- While I **was having** fun, more people came.
- While you **were having** fun, more people came.
- While we **were having** fun, more people came.
- While they **were having** fun, more people came.
- While he **was having** fun, more people came.
- While she **was having** fun, more people came.
- While it **was having** fun, more people came.
- While Andrea **was having** fun, more people came.
- While Urison **was having** fun, more people came.
- While Andrea and Urison **were having** fun, more people came.
- While my cat **was having** fun, more people came.

- While I **was having** vegetables, a monk said good.
- While you **were having** vegetables, a monk said good.
- While we **were having** vegetables, a monk said good.
- While they **were having** vegetables, a monk said good.
- While he **was having** vegetables, a monk said good.
- While she **was having** vegetables, a monk said good.
- While it **was having** vegetables, a monk said good.
- While Andrea **was having** vegetables, a monk said good.

- While Urison **was having** vegetables, a monk said good.
- While Andrea and Urison **were having** vegetables, a monk said good.
- While my cat **was having** vegetables, a monk said good.

- I **was breathing** at that time.
- You **were breathing** at that time.
- We **were breathing** at that time.
- They **were breathing** at that time.
- He **was breathing** at that time.
- She **was breathing** at that time.
- It **was breathing** at that time.
- Andrea **was breathing** at that time.
- Urison **was breathing** at that time.
- Andrea and Urison **were breathing** at that time.
- My cat **was breathing** at that time.

- I **was running** while it thundered.
- You **were running** while it thundered.
- We **were running** while it thundered.
- They **were running** while it thundered.
- He **was running** while it thundered.
- She **was running** while it thundered.
- It **was running** while it thundered.
- Andrea **was running** while it thundered.
- Urison **was running** while it thundered.
- Andrea and Urison **were running** while it thundered.
- My cat **was running** while it thundered.

- I **was swimming** while it rained.
- You **were swimming** while it rained.
- We **were swimming** while it rained.
- They **were swimming** while it rained.
- He **was swimming** while it rained.

- She **was swimming** while it rained.
- It **was swimming** while it rained.
- Andrea **was swimming** while it rained.
- Urison **was swimming** while it rained.
- Andrea and Urison **were swimming** while it rained.
- My cat **was swimming** while it rained.

- I **was cutting** just as it started to rain.
- You **were cutting** just as it started to rain.
- We **were cutting** just as it started to rain.
- They **were cutting** just as it started to rain.
- He **was cutting** just as it started to rain.
- She **was cutting** just as it started to rain.
- It **was cutting** just as it started to rain.
- Andrea **was cutting** just as it started to rain.
- Urison **was cutting** just as it started to rain.
- Andrea and Urison **were cutting** just as it started to rain.
- My cat **was cutting** just as it started to rain.

3.3 Pasado perfecto continuo

Usamos el tiempo pasado perfecto continuo para cosas que comenzaron a suceder en el pasado y continuaron sucediendo cuando algo más sucedió en el pasado. He aquí un ejemplo:

- Andrea **had been studying** for three hours before she fell asleep.

Andrea es le sujeto y *study* (+ing) es el verbo principal. La frase verbal auxiliar, *had been*, dejó claro que esto sucedió en el pasado.

Echa un vistazo a esta oración:

- They **had been working** on the moon for three hours when an alien showed up.

Cuando se cambia el sujeto a *they*, la frase verbal auxiliar sigue siendo *had been.*

Usamos el pasado perfecto continuo para hablar de cosas que sucedieron en el pasado y continuaron sucediendo cuando algo más sucedió también en el pasado:
- My cat **had been landing** on the moon when NASA called.
- You **had been** practicing English when my cat meowed.
- The birds **had been singing** for 30 minutes when the sun rose.
- The kids **had been playing** in the snow for 15 minutes when it stopped.

Aprendamos el pasado perfecto continuo:

- I **had been listening** to audiobooks when a fly

showed up.
- You **had been listening** to audiobooks when a fly showed up.
- We **had been listening** to audiobooks when a fly showed up.
- They **had been listening** to audiobooks when a fly showed up..
- He **had been listening** to audiobooks when a fly showed up.
- She **had been listening** to audiobooks when a fly showed up.
- It **had been listening** to audiobooks when a fly showed up.
- Andrea **had been listening** to audiobooks when a fly showed up.
- Urison **had been listening** to audiobooks when a fly showed up.
- Andrea and Urison **had been listening** to audiobooks when a fly showed up.
- My cat **had been listening** to audiobooks when a fly showed up.

- I **had been playing** the piano when my cat meowed.
- You **had been playing** the piano when my cat meowed.
- We **had been playing** the piano when my cat meowed.
- They **had been playing** the piano when my cat meowed.
- He **had been playing** the piano when my cat meowed.
- She **had been playing** the piano when my cat meowed.
- It **had been playing** the piano when my cat meowed.
- Andrea **had been playing** the piano when my cat meowed.
- Urison **had been playing** the piano when my cat

meowed.

- Andrea and Urison **had been playing** the piano when my cat meowed.
- My cat **had been playing** the piano when it meowed.

- I **had been enjoying** life when WWII started.
- You **had been enjoying** life when WWII started.
- We **had been enjoying** life when WWII started.
- They **had been enjoying** life when WWII started.
- He **had been enjoying** life when WWII started.
- She **had been enjoying** life when WWII started.
- It **had been enjoying** life when WWII started.
- Andrea **had been enjoying** life when WWII started.
- Urison **had been enjoying** life when WWII started.
- Andrea and Urison **had been enjoying** life when WWII started.
- My cat **had been enjoying** life when WWII started.

- I **had been surveying** human interactions when the march began.
- You **had been surveying** human interactions when the march began.
- We **had been surveying** human interactions when the march began.
- They **had been surveying** human interactions when the march began.
- He **had been surveying** human interactions when the march began.
- She **had been surveying** human interactions when the march began.
- It **had been surveying** human interactions when the march began.
- Andrea **had been surveying** human interactions when the march began.
- Urison **had been surveying** human interactions when the march began.

- Andrea and Urison **had been surveying** human interactions when the march began.
- My cat **had been surveying** human interactions when the march began.

- I **had been studying** and won the competition.
- You **had been studying** and won the competition.
- We **had been studying** and won the competition.
- They **had been studying** and won the competition.
- He **had been studying** and won the competition.
- She **had been studying** and won the competition.
- It **had been studying** and won the competition.
- Andrea **had been studying** and won the competition.
- Urison **had been studying** and won the competition.
- Andrea and Urison **had been studying** and won the competition.
- My cat **had been studying** and won the competition.

- I **had been partying** since the party started.
- You **had been partying** since the party started.
- We **had been partying** since the party started.
- They **had been partying** since the party started.
- He **had been partying** since the party started.
- She **had been partying** since the party started.
- It **had been partying** since the party started.
- Andrea **had been partying** since the party started.
- Urison **had been partying** since the party started.
- Andrea and Urison **had been partying** since the party started.
- My cat **had been partying** since the party started.

Es el pasado perfecto continuo el que estamos aprendiendo ahora mismo.

- I **had been teaching** English since the opening of this school.

- You **had been teaching** English since the opening of this school.
- We **had been teaching** English since the opening of this school.
- They **had been teaching** English since the opening of this school.
- He **had been teaching** English since the opening of this school.
- She **had been teaching** English since the opening of this school.
- It **had been teaching** English since the opening of this school.
- Andrea **had been teaching** English since the opening of this school.
- Urison **had been teaching** English since the opening of this school.
- Andrea and Urison **had been teaching** English since the opening of this school.
- My cat **had been teaching** English since the opening of this school.

- I **had been watching** the sky all night.
- You **had been watching** the sky all night.
- We **had been watching** the sky all night.
- They **had been watching** the sky all night.
- He **had been watching** the sky all night.
- She **had been watching** the sky all night.
- It **had been watching** the sky all night.
- Andrea **had been watching** the sky all night.
- Urison **had been watching** the sky all night.
- Andrea and Urison **had been watching** the sky all night.
- My cat **had been watching** the sky all night.

- I **had been munching** apples when a fly showed up.
- You **had been munching** apples when a fly showed

up.
- We **had been munching** apples when a fly showed up.
- They **had been munching** apples when a fly showed up.
- He **had been munching** apples when a fly showed up.
- She **had been munching** apples when a fly showed up.
- It **had been munching** apples when a fly showed up.
- Andrea **had been munching** apples when a fly showed up.
- Urison **had been munching** apples when a fly showed up.
- Andrea and Urison **had been munching** apples when a fly showed up.
- My cat **had been munching** apples when a fly showed up.

- I **had been washing** the marsh before a fish came.
- You **had been washing** the marsh before a fish came.
- We **had been washing** the marsh before a fish came.
- They **had been washing** the marsh before a fish came.
- He **had been washing** the marsh before a fish came.
- She **had been washing** the marsh before a fish came.
- It **had been washing** the marsh before a fish came.
- Andrea **had been washing** the marsh before a fish came.
- Urison **had been washing** the marsh before a fish came.
- Andrea and Urison **had been washing** the marsh before a fish came.
- My cat **had been washing** the marsh before a fish came.

Practica más ejercicios para hacer que el pasado perfecto continuo llegue a tu mente subconsciente.

- I **had been pushing** the bush before class started.
- You **had been pushing** the bush before class started.
- We **had been pushing** the bush before class started.
- They **had been pushing** the bush before class started.
- He **had been pushing** the bush before class started.
- She **had been pushing** the bush before class started.
- It **had been pushing** the bush before class started.
- Andrea **had been pushing** the bush before class started.
- Urison **had been pushing** the bush before class started.
- Andrea and Urison **had been pushing** the bush before class started.
- My cat **had been pushing** the bush before class started.

- I **had been dressing** before it showed up.
- You **had been dressing** before it showed up.
- We **had been dressing** before it showed up.
- They **had been dressing** before it showed up.
- He **had been dressing** before it showed up.
- She **had been dressing** before it showed up.
- It **had been dressing** before it showed up.
- Andrea **had been dressing** before it showed up.
- Urison **had been dressing** before it showed up.
- Andrea and Urison **had been dressing** before it showed up.
- My cat **had been dressing** before it showed up.

- I **had been pressing** the button before the elevator

came.

- You **had been pressing** the button before the elevator came.
- We **had been pressing** the button before the elevator came.
- They **had been pressing** the button before the elevator came.
- He **had been pressing** the button before the elevator came.
- She **had been pressing** the button before the elevator came.
- It **had been pressing** the button before the elevator came.
- Andrea **had been pressing** the button before the elevator came.
- Urison **had been pressing** the button before the elevator came.
- Andrea and Urison **had been pressing** the button before the elevator came.
- My cat **had been pressing** the button before the elevator came.

- I **had been buzzing** along the runway when the plane took off.
- You **had been buzzing** along the runway when the plane took off.
- We **had been buzzing** along the runway when the plane took off.
- They **had been buzzing** along the runway when the plane took off.
- He **had been buzzing** along the runway when the plane took off.
- She **had been buzzing** along the runway when the plane took off.
- It **had been buzzing** along the runway when the plane took off.
- Andrea **had been buzzing** along the runway when

the plane took off.

- Urison **had been buzzing** along the runway when the plane took off.
- Andrea and Urison **had been buzzing** along the runway when the plane took off.
- My cat **had been buzzing** along the runway when the plane took off.

- I **had been jazzing** when the show started.
- You **had been jazzing** when the show started.
- We **had been jazzing** when the show started.
- They **had been jazzing** when the show started.
- He **had been jazzing** when the show started.
- She **had been jazzing** when the show started.
- It **had been jazzing** when the show started.
- Andrea **had been jazzing** when the show started.
- Urison **had been jazzing** when the show started.
- Andrea and Urison **had been jazzing** when the show started.
- My cat **had been jazzing** when the show started.

- I **had been boxing** my boxes when a beetle buzzed by.
- You **had been boxing** my boxes when a beetle buzzed by.
- We **had been boxing** my boxes when a beetle buzzed by.
- They **had been boxing** my boxes when a beetle buzzed by.
- He **had been boxing** my boxes when a beetle buzzed by.
- She **had been boxing** my boxes when a beetle buzzed by.
- It **had been boxing** my boxes when a beetle buzzed by.
- Andrea **had been boxing** my boxes when a beetle

buzzed by.

- Urison **had been boxing** my boxes when a beetle buzzed by.
- Andrea and Urison **had been boxing** my boxes when a beetle buzzed by.
- My cat **had been boxing** my boxes when a beetle buzzed by.

- I **had been doing** my work when it snowed.
- You **had been doing** your work when it snowed.
- We **had been doing** our work when it snowed.
- They **had been doing** their work when it snowed.
- He **had been doing** his work when it snowed.
- She **had been doing** her work when it snowed.
- It **had been doing** its work when it snowed.
- Andrea **had been doing** her work when it snowed.
- Urison **had been doing** his work when it snowed.
- Andrea and Urison **had been doing** their work when it snowed.
- My cat **had been doing** its work when it snowed.

- I **had been going** around when the wind started.
- You **had been going** around when the wind started.
- We **had been going** around when the wind started.
- They **had been going** around when the wind started.
- He **had been going** around when the wind started.
- She **had been going** around when the wind started.
- It **had been going** around when the wind started.
- Andrea **had been going** around when the wind started.
- Urison **had been going** around when the wind started.
- Andrea and Urison **had been going** around when the wind started.
- My cat **had been going** around when the wind started.

- I **had been having** fun when the party started.
- You **had been having** fun when the party started.
- We **had been having** fun when the party started.
- They **had been having** fun when the party started.
- He **had been having** fun when the party started.
- She **had been having** fun when the party started.
- It **had been having** fun when the party started.
- Andrea **had been having** fun when the party started.
- Urison **had been having** fun when the party started.
- Andrea and Urison **had been having** fun when the party started.
- My cat **had been having** fun when the party started.

- I **had been having** vegetables for dinner for three years.
- You **had been having** vegetables for dinner for three years.
- We **had been having** vegetables for dinner for three years.
- They **had been having** vegetables for dinner for three years.
- He **had been having** vegetables for dinner for three years.
- She **had been having** vegetables for dinner for three years.
- It **had been having** vegetables for dinner for three years.
- Andrea **had been having** vegetables for dinner for three years.
- Urison **had been having** vegetables for dinner for three years.
- Andrea and Urison **had been having** vegetables for dinner for three years.
- My cat **had been having** vegetables for dinner for three years.

- I **had been running** when it thundered.
- You **had been running** when it thundered.
- We **had been running** when it thundered.
- They **had been running** when it thundered.
- He **had been running** when it thundered.
- She **had been running** when it thundered.
- It **had been running** when it thundered.
- Andrea **had been running** when it thundered.
- Urison **had been running** when it thundered.
- Andrea and Urison **had been running** when it thundered.
- My cat **had been running** when it thundered.

- I **had been swimming** when a turtle came.
- You **had been swimming** when a turtle came.
- We **had been swimming** when a turtle came.
- They **had been swimming** when a turtle came.
- He **had been swimming** when a turtle came.
- She **had been swimming** when a turtle came.
- It **had been swimming** when a turtle came.
- Andrea **had been swimming** when a turtle came.
- Urison **had been swimming** when a turtle came.
- Andrea and Urison **had been swimming** when a turtle came.
- My cat **had been swimming** when a turtle came.

3.4 Pasado perfecto

Observa esta oración:

- Andrea **had studied** for three hours before she fell asleep.

Andrea es el sujeto y el verbo principal es *studied* (la forma en pasado participio de *study*). El verbo auxiliar *had* nos indica que estos eventos sucedieron en el pasado.

Ahora, echemos un vistazo a esta oración:

- They **had studied** for three hours before they fell asleep.

Cuando se cambia el sujeto a *they*, el verbo auxiliar sigue siendo *had*.

Usamos el tiempo pasado perfecto para hablar de cosas que sucedieron en el pasado antes de que sucediera algo más:

- My cat **had landed** on the moon when NASA called.
- You **had practiced** English when my cat meowed.
- The birds **had sung** for 30 minutes when the sun rose.
- The kids **had played** in the snow for 15 minutes when it stopped.

Aprendamos el pasado perfecto:

- I **had listened** to audiobooks before a fly showed up.
- You **had listened** to audiobooks before a fly showed up.
- We **had listened** to audiobooks before a fly showed up.

- They **had listened** to audiobooks before a fly showed up.
- He **had listened** to audiobooks before a fly showed up.
- She **had listened** to audiobooks before a fly showed up.
- It **had listened** to audiobooks before a fly showed up.
- Andrea **had listened** to audiobooks before a fly showed up.
- Urison **had listened** to audiobooks before a fly showed up.
- Andrea and Urison **had listened** to audiobooks before a fly showed up.
- My cat **had listened** to audiobooks before a fly showed up.

- I **had played** the piano before my cat meowed.
- You **had played** the piano before my cat meowed.
- We **had played** the piano before my cat meowed.
- They **had played** the piano before my cat meowed.
- He **had played** the piano before my cat meowed.
- She **had played** the piano before my cat meowed.
- It **had played** the piano before my cat meowed.
- Andrea **had played** the piano before my cat meowed.
- Urison **had played** the piano before my cat meowed.
- Andrea and Urison **had played** the piano before my cat meowed.
- My cat **had played** the piano before my cat meowed.

- I **had enjoyed** life before WWII started.
- You **had enjoyed** life before WWII started.
- We **had enjoyed** life before WWII started.
- They **had enjoyed** life before WWII started.
- He **had enjoyed** life before WWII started.
- She **had enjoyed** life before WWII started.
- It **had enjoyed** life before WWII started.

- Andrea **had enjoyed** life before WWII started.
- Urison **had enjoyed** life before WWII started.
- Andrea and Urison **had enjoyed** life before WWII started.
- My cat **had enjoyed** life before WWII started.

- I **had surveyed** human interactions before the march started.
- You **had surveyed** human interactions before the march started.
- We **had surveyed** human interactions before the march started.
- They **had surveyed** human interactions before the march started.
- He **had surveyed** human interactions before the march started.
- She **had surveyed** human interactions before the march started.
- It **had surveyed** human interactions before the march started.
- Andrea **had surveyed** human interactions before the march started.
- Urison **had surveyed** human interactions before the march started.
- Andrea and Urison **had surveyed** human interactions before the march started.
- My cat **had surveyed** human interactions before the march started.

- I **had studied** before I won the competition.
- You **had studied** before I won the competition.
- We **had studied** before I won the competition.
- They **had studied** before I won the competition.
- He **had studied** before I won the competition.
- She **had studied** before I won the competition.
- It **had studied** before I won the competition.

- Andrea **had studied** before I won the competition.
- Urison **had studied** before I won the competition.
- Andrea and Urison **had studied** before I won the competition.
- My cat **had studied** before I won the competition.

Practica más ejercicios para hacer que el pasado perfecto llegue a tu mente subconsciente:

- I **had partied** before the party started.
- You **had partied** before the party started.
- We **had partied** before the party started.
- They **had partied** before the party started.
- He **had partied** before the party started.
- She **had partied** before the party started.
- It **had partied** before the party started.
- Andrea **had partied** before the party started.
- Urison **had partied** before the party started.
- Andrea and Urison **had partied** before the party started.
- My cat **had partied** before the party started.

- I **had taught** English before the opening of this school.
- You **had taught** English before the opening of this school.
- We **had taught** English before the opening of this school.
- They **had taught** English before the opening of this school.
- He **had taught** English before the opening of this school.
- She **had taught** English before the opening of this school.
- It **had taught** English before the opening of this school.

- Andrea **had taught** English before the opening of this school.
- Urison **had taught** English before the opening of this school.
- Andrea and Urison **had taught** English before the opening of this school.
- My cat **had taught** English before the opening of this school.

- I **had watched** the sky before a meteor struck.
- You **had watched** the sky before a meteor struck.
- We **had watched** the sky before a meteor struck.
- They **had watched** the sky before a meteor struck.
- He **had watched** the sky before a meteor struck.
- She **had watched** the sky before a meteor struck.
- It **had watched** the sky before a meteor struck.
- Andrea **had watched** the sky before a meteor struck.
- Urison **had watched** the sky before a meteor struck.
- Andrea and Urison **had watched** the sky before a meteor struck.
- My cat **had watched** the sky before a meteor struck.

- I **had munched** apples before a fly showed up.
- You **had munched** apples before a fly showed up.
- We **had munched** apples before a fly showed up.
- They **had munched** apples before a fly showed up.
- He **had munched** apples before a fly showed up.
- She **had munched** apples before a fly showed up.
- It **had munched** apples before a fly showed up.
- Andrea **had munched** apples before a fly showed up.
- Urison **had munched** apples before a fly showed up.
- Andrea and Urison **had munched** apples before a fly showed up.
- My cat **had munched** apples before a fly showed up.

- I **had washed** the marsh before a fish came.

- You **had washed** the marsh before a fish came.
- We **had washed** the marsh before a fish came.
- They **had washed** the marsh before a fish came.
- He **had washed** the marsh before a fish came.
- She **had washed** the marsh before a fish came.
- It **had washed** the marsh before a fish came.
- Andrea **had washed** the marsh before a fish came.
- Urison **had washed** the marsh before a fish came.
- Andrea and Urison **had washed** the marsh before a fish came.
- My cat **had washed** the marsh before a fish came.

- I **had pushed** the bush before class started.
- You **had pushed** the bush before class started.
- We **had pushed** the bush before class started.
- They **had pushed** the bush before class started.
- He **had pushed** the bush before class started.
- She **had pushed** the bush before class started.
- It **had pushed** the bush before class started.
- Andrea **had pushed** the bush before class started.
- Urison **had pushed** the bush before class started.
- Andrea and Urison **had pushed** the bush before class started.
- My cat **had pushed** the bush before class started.

- I **had dressed** before it showed up.
- You **had dressed** before it showed up.
- We **had dressed** before it showed up.
- They **had dressed** before it showed up.
- He **had dressed** before it showed up.
- She **had dressed** before it showed up.
- It **had dressed** before it showed up.
- Andrea **had dressed** before it showed up.
- Urison **had dressed** before it showed up.
- Andrea and Urison **had dressed** before it showed up.
- My cat **had dressed** before it showed up.

- I **had pressed** the button before the elevator came.
- You **had pressed** the button before the elevator came.
- We **had pressed** the button before the elevator came.
- They **had pressed** the button before the elevator came.
- He **had pressed** the button before the elevator came.
- She **had pressed** the button before the elevator came.
- It **had pressed** the button before the elevator came.
- Andrea **had pressed** the button before the elevator came.
- Urison **had pressed** the button before the elevator came.
- Andrea and Urison **had pressed** the button before the elevator came.
- My cat **had pressed** the button before the elevator came.

- I **had buzzed** along the runway before the plane took off.
- You **had buzzed** along the runway before the plane took off.
- We **had buzzed** along the runway before the plane took off.
- They **had buzzed** along the runway before the plane took off.
- He **had buzzed** along the runway before the plane took off.
- She **had buzzed** along the runway before the plane took off.
- It **had buzzed** along the runway before the plane took off.
- Andrea **had buzzed** along the runway before the plane **took** off.
- Urison **had buzzed** along the runway before the

plane took off.

- Andrea and Urison **had buzzed** along the runway before the plane took off.
- My cat **had buzzed** along the runway before the plane took off.

- I **had jazzed** before the show started.
- You **had jazzed** before the show started.
- We **had jazzed** before the show started.
- They **had jazzed** before the show started.
- He **had jazzed** before the show started.
- She **had jazzed** before the show started.
- It **had jazzed** before the show started.
- Andrea **had jazzed** before the show started.
- Urison **had jazzed** before the show started.
- Andrea and Urison **had jazzed** before the show started.
- My cat **had jazzed** before the show started.

- I **had boxed** my boxes before a puppy came by.
- You **had boxed** my boxes before a puppy came by.
- We **had boxed** my boxes before a puppy came by.
- They **had boxed** my boxes before a puppy came by.
- He **had boxed** my boxes before a puppy came by.
- She **had boxed** my boxes before a puppy came by.
- It **had boxed** my boxes before a puppy came by.
- Andrea **had boxed** my boxes before a puppy came by.
- Urison **had boxed** my boxes before a puppy came by.
- Andrea and Urison **had boxed** my boxes before a puppy came by.
- My cat **had boxed** my boxes before a puppy came by.

- I **had done** my work before my boss showed up.
- You **had done** your work before my boss showed up.
- We **had done** our work before my boss showed up.

- They **had done** their work before my boss showed up.
- He **had done** his work before my boss showed up.
- She **had done** her work before my boss showed up.
- It **had done** its work before my boss showed up.
- Andrea **had done** her work before my boss showed up.
- Urison **had done** his work before my boss showed up.
- Andrea and Urison **had done** their work before my boss showed up.
- My cat **had done** its work before my boss showed up.

- I **had gone** around before the wind started.
- You **had gone** around before the wind started.
- We **had gone** around before the wind started.
- They **had gone** around before the wind started.
- He **had gone** around before the wind started.
- She **had gone** around before the wind started.
- It **had gone** around before the wind started.
- Andrea **had gone** around before the wind started.
- Urison **had gone** around before the wind started.
- Andrea and Urison **had gone** around before the wind started.
- My cat **had gone** around before the wind started.

Ahora observa este cuidadosamente.

- I **had had** fun before the party started.
- You **had had** fun before the party started.
- We **had had** fun before the party started.
- They **had had** fun before the party started.
- He **had had** fun before the party started.
- She **had had** fun before the party started.
- It **had had** fun before the party started.
- Andrea **had had** fun before the party started.

- Urison **had had** fun before the party started.
- Andrea and Urison **had had** fun before the party started.
- My cat **had had** fun before the party started.

- I **had had** vegetables before dinner.
- You **had had** vegetables before dinner.
- We **had had** vegetables before dinner.
- They **had had** vegetables before dinner.
- He **had had** vegetables before dinner.
- She **had had** vegetables before dinner.
- It **had had** vegetables before dinner.
- Andrea **had had** vegetables before dinner.
- Urison **had had** vegetables before dinner.
- Andrea and Urison **had had** vegetables before dinner.
- My cat **had had** vegetables before dinner.

- I **had run** before it thundered.
- You **had run** before it thundered.
- We **had run** before it thundered.
- They **had run** before it thundered.
- He **had run** before it thundered.
- She **had run** before it thundered.
- It **had run** before it thundered.
- Andrea **had run** before it thundered.
- Urison **had run** before it thundered.
- Andrea and Urison **had run** before it thundered.
- My cat **had run** before it thundered.

- I **had swum** before a turtle came
- You **had swum** before a turtle came
- We **had swum** before a turtle came
- They **had swum** before a turtle came
- He **had swum** before a turtle came
- She **had swum** before a turtle came
- It **had swum** before a turtle came

- Andrea **had swum** before a turtle came
- Urison **had swum** before a turtle came
- Andrea and Urison **had swum** before a turtle came
- My cat **had swum** before a turtle came

- I said that I **had** never **flown** to the moon before.
- You said that you **had** never **flown** to the moon before.
- We said that we **had** never **flown** to the moon before.
- They said that they **had** never **flown** to the moon before.
- He said that he **had** never **flown** to the moon before.
- She said that she **had** never **flown** to the moon before.
- It said that it **had** never **flown** to the moon before.
- Andrea said that she **had** never **flown** to the moon before.
- Urison said that he **had** never **flown** to the moon before.
- Andrea and Urison said that they **had** never **flown** to the moon before.
- My cat said that it **had** never **flown** to the moon before.

- I wondered why it **had been** so cold.
- You wondered why it **had been** so cold.
- We wondered why it **had been** so cold.
- They wondered why it **had been** so cold.
- He wondered why it **had been** so cold.
- She wondered why it **had been** so cold.
- It wondered why it **had been** so cold.
- Andrea wondered why it **had been** so cold.
- Urison wondered why it **had been** so cold.
- Andrea and Urison wondered why it **had been** so cold.
- My cat wondered why it **had been** so cold.

- If I **had landed** on Venus, I would have been fried.
- If you **had landed** on Venus, you would have been fried.
- If we **had landed** on Venus, we would have been fried.
- If they **had landed** on Venus, they would have been fried.
- If he **had landed** on Venus, he would have been fried.
- If she **had landed** on Venus, she would have been fried.
- If it **had landed** on Venus, it would have been fried.
- If Andrea **had landed** on Venus, she would have been fried.
- If Urison **had landed** on Venus, he would have been fried.
- If Andrea and Urison **had landed** on Venus, they would have been fried.
- If my cat **had landed** on Venus, it would have been fried.

Capítulo 4: Tiempo futuro

4.1 Futuro simple

Para aprender el tiempo futuro simple, observa esta oración:

- I **will study** for the test.

Esto es algo que he prometido hacer en el futuro.

Usamos el futuro simple para:

1. Hacer promesas:
   - I **will study** for the test.
   - Promise you **will bring** it back.
   - I **will walk** to school with you.
   - I **will be** there at five.

2. Predecir que algo pasará en el futuro:
   - Looks like it **is going** to **be** sunny tomorrow.
   - It **will be** sunny tomorrow.
   - She **is going** to **be** a good driver.
   - Andrea **is going** to pass the test.
   - Urison **is going** to **be** an astronomer.

3. Hacer una oferta:
   - **Shall** we **dance**?
   - **Shall** we **sing**?
   - **Shall** we **go** by car?
   - **Shall** I **finish** it for you?

4. Hablar de acuerdos fijos:
   - When **are** you **starting**?
   - I **am starting** next week.

- When **is** the CEO **visiting** the store?
- The CEO **is visiting** on Tuesday.

Ahora, echemos un vistazo a esta oración:

- We **will land** on the moon.

Si cambiamos el sujeto a *she*, el resto de la oración se mantiene igual:

- She **will land** on the moon.

Este ejemplo es uno que promete que algo sucederá en el futuro. Para algo que sucederá en el futuro usamos *will* + un verbo.

Ahora, aprendamos el tiempo futuro simple:

- I **will land** on the moon.
- We **will land** on the moon.
- You **will land** on the moon.
- They **will land** on the moon.
- He **will land** on the moon.
- She **will land** on the moon.
- It **will land** on the moon.
- Andrea **will land** on the moon.
- Urison **will land** on the moon.
- Andrea and Urison **will land** on the moon.
- My cat **will land** on the moon.

- I **will listen** to audiobooks every day.
- You **will listen** to audiobooks every day.
- We **will listen** to audiobooks every day.
- They **will listen** to audiobooks every day.
- He **will listen** to audiobooks every day.
- She **will listen** to audiobooks every day.

- It **will listen** to audiobooks every day.
- Andrea **will listen** to audiobooks every day.
- Urison **will listen** to audiobooks every day.
- Andrea and Urison **will listen** to audiobooks every day.
- My cat **will listen** to audiobooks every day.

- I **will wake up** at seven tomorrow.
- You **will wake up** at seven tomorrow.
- We **will wake up** at seven tomorrow.
- They **will wake up** at seven tomorrow.
- He **will wake up** at seven tomorrow.
- She **will wake up** at seven tomorrow.
- It **will wake up** at seven tomorrow.
- Andrea **will wake up** at seven tomorrow.
- Urison **will wake up** at seven tomorrow.
- Andrea and Urison **will wake up** at seven tomorrow.
- My cat **will wake up** at seven tomorrow.

- I **will play** every day.
- You **will play** every day.
- We **will play** every day.
- They **will play** every day.
- He **will play** every day.
- She **will play** every day.
- It **will play** every day.
- Andrea **will play** every day.
- Urison **will play** every day.
- Andrea and Urison **will play** every day.
- My cat **will play** every day.

- I **will enjoy** life every day.
- You **will enjoy** life every day.
- We **will enjoy** life every day.
- They **will enjoy** life every day.
- He **will enjoy** life every day.

- She **will enjoy** life every day.
- It **will enjoy** life every day.
- Andrea **will enjoy** life every day.
- Urison **will enjoy** life every day.
- Andrea and Urison **will enjoy** life every day.
- My cat **will enjoy** life every day.

Practica más ejercicios para hacer que este tiempo verbal llegue a tu mente subconsciente.

- I **will survey** next week.
- You **will survey** next week.
- We **will survey** next week.
- They **will survey** next week.
- He **will survey** next week.
- She **will survey** next week.
- It **will survey** next week.
- Andrea **will survey** next week.
- Urison **will survey** next week.
- Andrea and Urison **will survey** next week.
- My cat **will survey** next week.

- I **will study** tonight.
- You **will study** tonight.
- We **will study** tonight.
- They **will study** tonight.
- He **will study** tonight.
- She **will study** tonight.
- It **will study** tonight.
- Andrea **will study** tonight.
- Urison **will study** tonight.
- Andrea and Urison **will study** tonight.
- My cat **will study** tonight.

- I **will stay** home for a week.
- You **will stay** home for a week.

TIEMPOS VERBALES DEL INGLÉS

- We **will stay** home for a week.
- They **will stay** home for a week.
- He **will stay** home for a week.
- She **will stay** home for a week.
- It **will stay** home for a week.
- Andrea **will stay** home for a week.
- Urison **will stay** home for a week.
- Andrea and Urison **will stay** home for a week.
- My cat **will stay** home for a week.

- I **will buy** lunch for a week.
- You **will buy** lunch for a week.
- We **will buy** lunch for a week.
- They **will buy** lunch for a week.
- He **will buy** lunch for a week.
- She **will buy** lunch for a week.
- It **will buy** lunch for a week.
- Andrea **will buy** lunch for a week.
- Urison **will buy** lunch for a week.
- Andrea and Urison **will buy** lunch for a week.
- My cat **will buy** lunch for a week.

Para algo que podría suceder en el futuro, usamos *be going to* + un verbo.

- I **am going to** party tonight.
- You **are going to** party tonight.
- We **are going to** party tonight.
- They **are going to** party tonight.
- He **is going to** party tonight.
- She **is going to** party tonight.
- It **is going to** party tonight.
- Andrea **is going to** party tonight.
- Urison **is going to** party tonight.
- Andrea and Urison **are going to** party tonight.
- My cat **is going to** party tonight.

- I **will fly** tomorrow.
- You **will fly** tomorrow.
- We **will fly** tomorrow.
- They **will fly** tomorrow.
- He **will fly** tomorrow.
- She **will fly** tomorrow.
- It **will fly** tomorrow.
- Andrea **will fly** tomorrow.
- Urison **will fly** tomorrow.
- Andrea and Urison **will fly** tomorrow.
- My cat **will fly** tomorrow.

- I **am going to teach** English.
- You **are going to teach** English.
- We **are going to teach** English.
- They **are going to teach** English.
- He **is going to teach** English.
- She **is going to teach** English.
- It **is going to teach** English.
- Andrea **is going to teach** English.
- Urison **is going to teach** English.
- Andrea and Urison **are going to teach** English.
- My cat **is going to teach** English.

- I **will watch** the sky tonight.
- You **will watch** the sky tonight.
- We **will watch** the sky tonight.
- They **will watch** the sky tonight.
- He **will watch** the sky tonight.
- She **will watch** the sky tonight.
- It **will watch** the sky tonight.
- Andrea **will watch** the sky tonight.
- Urison **will watch** the sky tonight.
- Andrea and Urison **will watch** the sky tonight.
- My cat **will watch** the sky tonight.

- I **will munch** apples every day.
- You **will munch** apples every day.
- We **will munch** apples every day.
- They **will munch** apples every day.
- He **will munch** apples every day.
- She **will munch** apples every day.
- It **will munch** apples every day.
- Andrea **will munch** apples every day.
- Urison **will munch** apples every day.
- Andrea and Urison **will munch** apples every day.
- My cat **will munch** apples every day.

- I **will wash** the marsh.
- You **will wash** the marsh.
- We **will wash** the marsh.
- They **will wash** the marsh.
- He **will wash** the marsh.
- She **will wash** the marsh.
- It **will wash** the marsh.
- Andrea **will wash** the marsh.
- Urison **will wash** the marsh.
- Andrea and Urison **will wash** the marsh.
- My cat **will wash** the marsh.

- I **will push** the bush
- You **will push** the bush.
- We **will push** the bush.
- They **will push** the bush.
- He **will push** the bush.
- She **will push** the bush.
- It **will push** the bush.
- Andrea **will push** the bush.
- Urison **will push** the bush.
- Andrea and Urison **will push** the bush.
- My cat **will push** the bush.

- I **will cross** the crossroad.
- You **will cross** the crossroad.
- We **will cross** the crossroad.
- They **will cross** the crossroad.
- He **will cross** the crossroad.
- She **will cross** the crossroad.
- It **will cross** the crossroad.
- Andrea **will cross** the crossroad.
- Urison **will cross** the crossroad.
- Andrea and Urison **will cross** the crossroad.
- My cat **will cross** the crossroad.

En lugar de *will*, también podemos usar *going to*, para indicar una acción que tendrá lugar en el futuro:

- I **am going to cross** the crossroad.
- You **are going to cross** the crossroad.
- We **are going to cross** the crossroad.
- They **are going to cross** the crossroad.
- He **is going to cross** the crossroad.
- She **is going to cross** the crossroad.
- It **is going to cross** the crossroad.
- Andrea **is going to cross** the crossroad.
- Urison **is going to cross** the crossroad.
- Andrea and Urison **are going to cross** the crossroad.
- My cat **is going to cross** the crossroad.

- I **will buzz** along the runway.
- You **will buzz** along the runway.
- We **will buzz** along the runway.
- They **will buzz** along the runway.
- He **will buzz** along the runway.
- She **will buzz** along the runway.
- It **will buzz** along the runway.
- Andrea **will buzz** along the runway.

- Urison **will buzz** along the runway.
- Andrea and Urison **will buzz** along the runway.
- My cat **will buzz** along the runway.

- I **will jazz** today.
- You **will jazz** today.
- We **will jazz** today.
- They **will jazz** today.
- He **will jazz** today.
- She **will jazz** today.
- It **will jazz** today.
- Andrea **will jazz** today.
- Urison **will jazz** today.
- Andrea and Urison **will jazz** today.
- My cat **will jazz** today.

- I **will box** my boxes for vacation.
- You **will box** my boxes for vacation.
- We **will box** my boxes for vacation.
- They **will box** my boxes for vacation.
- He **will box** my boxes for vacation.
- She **will box** my boxes for vacation.
- It **will box** my boxes for vacation.
- Andrea **will box** my boxes for vacation.
- Urison **will box** my boxes for vacation.
- Andrea and Urison **will box** my boxes for vacation.
- My cat **will box** my boxes for vacation.

- I **will relax** on my relaxation bench today.
- You **will relax** on my relaxation bench today.
- We **will relax** on my relaxation bench today.
- They **will relax** on my relaxation bench today.
- He **will relax** on my relaxation bench today.
- She **will relax** on my relaxation bench today.
- It **will relax** on my relaxation bench today.
- Andrea **will relax** on my relaxation bench today.

- Urison **will relax** on my relaxation bench today.
- Andrea and Urison **will relax** on my relaxation bench today.
- My cat **will relax** on my relaxation bench today.

- I **will fix** my friend's car once a while.
- You **will fix** my friend's car once a while.
- We **will fix** my friend's car once a while.
- They **will fix** my friend's car once a while.
- He **will fix** my friend's car once a while.
- She **will fix** my friend's car once a while.
- It **will fix** my friend's car once a while.
- Andrea **will fix** my friend's car once a while.
- Urison **will fix** my friend's car once a while.
- Andrea and Urison **will fix** my friend's car once a while.
- My cat **will fix** my friend's car once a while.

- I **will do** my work.
- You **will do** your work.
- We **will do** our work.
- They **will do** their work.
- He **will do** his work.
- She **will do** her work.
- It **will do** its work.
- Andrea **will do** her work.
- Urison **will do** his work.
- Andrea and Urison **will do** their work.
- My cat **will do** its work.

- I **will go to** work by foot.
- You **will go to** work by foot.
- We **will go to** work by foot.
- They **will go to** work by foot.
- He **will go to** work by foot.
- She **will go to** work by foot.

- It **will go to** work by foot.
- Andrea **will go to** work by foot.
- Urison **will go to** work by foot.
- Andrea and Urison **will go to** work by foot.
- My cat **will go to** work by foot.

- I **will have** fun today.
- You **will have** fun today.
- We **will have** fun today.
- They **will have** fun today.
- He **will have** fun today.
- She **will have** fun today.
- It **will have** fun today.
- Andrea **will have** fun today.
- Urison **will have** fun today.
- Andrea and Urison **will have** fun today.
- My cat **will have** fun today.

- I **will have** water.
- You **will have** water.
- We **will have** water.
- They **will have** water.
- He **will have** water.
- She **will have** water.
- It **will have** water.
- Andrea **will have** water.
- Urison **will have** water.
- Andrea and Urison **will have** water.
- My cat **will have** water.

- I **will have** vegetables for dinner.
- You **will have** vegetables for dinner.
- We **will have** vegetables for dinner.
- They **will have** vegetables for dinner.
- He **will have** vegetables for dinner.
- She **will have** vegetables for dinner.

- It **will have** vegetables for dinner.
- Andrea **will have** vegetables for dinner.
- Urison **will have** vegetables for dinner.
- Andrea and Urison **will have** vegetables for dinner.
- My cat **will have** vegetables for dinner.

- I **will be** here.
- You **will be** awesome.
- We **will be** happy.
- They **will be** perfect.
- He **will be** a student.
- My cat **will be** a helper.
- Computers **will be** made with alien technologies.

¡Felicidades! Terminaremos de aprender el futuro simple en un momento. Celébralo practicando algunos ejercicios más.

- I **will be** happy.
- You **will be** tall.
- We **will be** shiny.
- They **will be** on Earth.
- He **will be** a pilot.
- She **will be** a nurse.
- It **will be** cold.

Usamos *shall* para hacer ofertas o proposiciones en situaciones formales:

- **Shall** we **dance**?
- **Shall** we **sing**?
- **Shall** we **go** by car?
- **Shall** I **finish** it for you?
- **Shall** we **go** to a movie tonight?
- **Shall** we **land** on the moon?
- **Shall** I **bring** food to the party?
- We **Shall** see.

El presente simple y el presente continuo también se pueden usar para el tiempo futuro. Los usamos para acuerdos fijos que están programados para suceder en algún momento en el futuro. Los lectores pueden averiguar si se trata de tiempo presente o tiempo futuro observando el contexto.

- The plane **lands** at five.
- I **fly** on Monday.
- When **are** you **starting**?
- When **is** the CEO **visiting** the store?
- We **are flying** tomorrow.
- You **are leaving** in two hours.
- They **are holding** a meeting tonight.

Usamos *about to* + un verbo para indicar algo que no ha comenzado pero que comenzará en cualquier momento en el futuro:

- I **am about to get** started.
- We **are about to land**.
- They **are about to finish**.
- He **is about to begin**.
- She **is about to study**.

Usamos una forma de *to be* + *to* + un verbo para decir algo que sucederá en el futuro acorde a una regla o instrucción.

- I **am to get** it **done** in three days.
- We **are to land** in Atlanta.
- They **are to finish** in 10 minutes.
- He **is to fly** for 12 hours.
- She **is to study** until noon.
- You **are to go** straight to the forest.

4.2 Futuro continuo

Para aprender el tiempo futuro continuo, observa la siguiente oración:

- Tomorrow at this time, I **will be studying** for the test.

El futuro continuo indica una acción en curso que tendrá lugar en el futuro. En el ejemplo anterior, *estudiando* es algo que estaré haciendo mañana a esta hora.

Usamos el futuro continuo:

1. Para indicar que estaremos en medio de alguna acción en un momento determinado del futuro:
   - Next Monday at 10, I **will be taking** the test.
   - Tomorrow at 7:50, we **will be walking** to school.
   - I **will be teaching** grammar at the conference next week.
   - They **will be singing** at the show tonight.

2. Para hablar de cosas que están sucediendo en este momento y que se espera que continúen en el futuro:
   - An hour from now I **will** still **be taking** the test.
   - Tomorrow by eight we **will** still **be walking**.
   - Next week I **will** still **be teaching** grammar.
   - Tonight at 10 they **will** still **be singing** at the show.

3. Para adivinar qué pasará en el futuro:
   - She **will be getting** her driver's license soon.
   - Andrea **will be getting** an A on the test.
   - They **will be buying** a house soon.
   - The CEO **will be visiting** soon.

4. Para preguntar cortésmente sobre los planes futuros de alguien:

- **Will** you **be picking** milk up on the way home?
- **Are** you **going** to **be picking** milk up on the way home?
- **Will** you **be** driving or **walking**?
- **Are** you **going** to **be** driving or **walking**?

Echa un vistazo a esta oración:

- When you wake up tomorrow, we **will be landing** on the moon.

Ahora, si cambiamos el sujeto a *she*, todo lo demás se mantiene igual:

- When you wake up tomorrow, she **will be landing** on the moon.

Este ejemplo indica que alguien estará en medio de una acción en algún momento en el futuro.

Ahora, aprendamos el tiempo futuro continuo.

- When you wake up tomorrow, I **will be landing** on the moon.
- When you wake up tomorrow, we **will be landing** on the moon.
- When you wake up tomorrow, you **will be landing** on the moon.
- When you wake up tomorrow, they **will be landing** on the moon.
- When you wake up tomorrow, she **will be landing** on the moon.
- When you wake up tomorrow, he **will be landing** on the moon.
- When you wake up tomorrow, it **will be landing** on the moon.
- When you wake up tomorrow, Andrea **will be landing**

on the moon.
- When you wake up tomorrow, Urison **will be landing** on the moon.
- When you wake up tomorrow, Urison and Andrea **will be landing** on the moon.
- When you wake up tomorrow, my cat **will be landing** on the moon.

- When the book publishes tomorrow, I **will be listening** to audiobooks.
- When the book publishes tomorrow, you **will be listening** to audiobooks.
- When the book publishes tomorrow, we **will be listening** to audiobooks.
- When the book publishes tomorrow, they **will be listening** to audiobooks..
- When the book publishes tomorrow, he **will be listening** to audiobooks.
- When the book publishes tomorrow, she **will be listening** to audiobooks.
- When the book publishes tomorrow, it **will be listening** to audiobooks.
- When the book publishes tomorrow, Andrea **will be listening** to audiobooks.
- When the book publishes tomorrow, Urison **will be listening** to audiobooks.
- When the book publishes tomorrow, Andrea and Urison **will be listening** to audiobooks.
- When the book publishes tomorrow, my cat **will be listening** to audiobooks.

- When I wake up at seven, I **will be getting** a gift.
- When you wake up at seven, you **will be getting** a gift.
- When we wake up at seven, we **will be getting** a gift.
- When they wake up at seven, they **will be getting** a gift.

- When he wakes up at seven, he **will be getting** a gift.
- When she wakes up at seven, she **will be getting** a gift.
- When it wakes up at seven, it **will be getting** a gift.
- When Andrea wakes up at seven, she **will be getting** a gift.
- When Urison wakes up at seven, he **will be getting** a gift.
- When Andrea and Urison wake up at seven, they **will be getting** a gift.
- When my cat wakes up at seven, it **will be getting** a gift.

- A week from now, I **will be playing** the new game.
- A week from now, you **will be playing** the new game.
- A week from now, we **will be playing** the new game.
- A week from now, they **will be playing** the new game.
- A week from now, he **will be playing** the new game.
- A week from now, she **will be playing** the new game.
- A week from now, it **will be playing** the new game.
- A week from now, Andrea **will be playing** the new game.
- A week from now, Urison **will be playing** the new game.
- A week from now, Andrea and Urison **will be playing** the new game.
- A week from now, my cat **will be playing** the new game.

- In a month, I **will be enjoying** life.
- In a month, you **will be enjoying** life.
- In a month, we **will be enjoying** life.
- In a month, they **will be enjoying** life.
- In a month, he **will be enjoying** life.
- In a month, she **will be enjoying** life.
- In a month, it **will be enjoying** life.

- In a month, Andrea will be enjoying life.
- In a month, Urison will be enjoying life.
- In a month, Andrea and Urison will be enjoying life.
- In a month, my cat will be enjoying life.

- When you arrive next week, I will be surveying.
- When you arrive next week, you will be surveying.
- When you arrive next week, we will be surveying.
- When you arrive next week, they will be surveying.
- When you arrive next week, he will be surveying.
- When you arrive next week, she will be surveying.
- When you arrive next week, it will be surveying.
- When you arrive next week, Andrea will be surveying.
- When you arrive next week, Urison will be surveying.
- When you arrive next week, Andrea and Urison will be surveying.
- When you arrive next week, my cat will be surveying.

- When the snow comes, I will be studying.
- When the snow comes, you will be studying.
- When the snow comes, we will be studying.
- When the snow comes, they will be studying.
- When the snow comes, he will be studying.
- When the snow comes, she will be studying.
- When the snow comes, it will be studying.
- When the snow comes, Andrea will be studying.
- When the snow comes, Urison will be studying.
- When the snow comes, Andrea and Urison will be studying.
- When the snow comes, my cat will be studying.

Usa estos ejercicios para practicar más:

- I **will be staying** home tomorrow.
- You **will be staying** home tomorrow.
- We **will be staying** home tomorrow.
- They **will be staying** home tomorrow.
- He **will be staying** home tomorrow.
- She **will be staying** home tomorrow.
- It **will be staying** home tomorrow.
- Andrea **will be staying** home tomorrow.
- Urison **will be staying** home tomorrow.
- Andrea and Urison **will be staying** home tomorrow.
- My cat **will be staying** home tomorrow.

- Next week, I **will be buying** lunch for a week.
- Next week, you **will be buying** lunch for a week.
- Next week, we **will be buying** lunch for a week.
- Next week, they **will be buying** lunch for a week.
- Next week, he **will be buying** lunch for a week.
- Next week, she **will be buying** lunch for a week.
- Next week, it **will be buying** lunch for a week.
- Next week, Andrea **will be buying** lunch for a week.
- Next week, Urison **will be buying** lunch for a week.
- Next week, Andrea and Urison **will be buying** lunch for a week.
- Next week, my cat **will be buying** lunch for a week.

- I **will be going** to party tonight.
- You **will be going** to party tonight.
- We **will be going** to party tonight.
- They **will be going** to party tonight.
- He **will be going** to party tonight.
- She **will be going** to party tonight.
- It **will be going** to party tonight.
- Andrea **will be going** to party tonight.
- Urison **will be going** to party tonight.
- Andrea and Urison **will be going** to party tonight.
- My cat **will be going** to party tonight.

- I will be flying tomorrow.
- You will be flying tomorrow.
- We will be flying tomorrow.
- They will be flying tomorrow.
- He will be flying tomorrow.
- She will be flying tomorrow.
- It will be flying tomorrow.
- Andrea will be flying tomorrow.
- Urison will be flying tomorrow.
- Andrea and Urison will be flying tomorrow.
- My cat will be flying tomorrow.

- I will be teaching English when I get there.
- You will be teaching English when you get there.
- We will be teaching English when we get there.
- They will be teaching English when they get there.
- He will be teaching English when he gets there.
- She will be teaching English when she gets there.
- It will be teaching English when it gets there.
- Andrea will be teaching English when she gets there.
- Urison will be teaching English when he gets there.
- Andrea and Urison will be teaching English when they get there.
- My cat will be teaching English when it gets there.

- I will be watching the sky tonight.
- You will be watching the sky tonight.
- We will be watching the sky tonight.
- They will be watching the sky tonight.
- He will be watching the sky tonight.
- She will be watching the sky tonight.
- It will be watching the sky tonight.
- Andrea will be watching the sky tonight.
- Urison will be watching the sky tonight.

- Andrea and Urison **will be watching** the sky tonight.
- My cat **will be watching** the sky tonight.

- In October, I **will be munching** apples.
- In October, you **will be munching** apples.
- In October, we **will be munching** apples.
- In October, they **will be munching** apples.
- In October, he **will be munching** apples.
- In October, she **will be munching** apples.
- In October, it **will be munching** apples.
- In October, Andrea **will be munching** apples.
- In October, Urison **will be munching** apples.
- In October, Andrea and Urison **will be munching** apples.
- In October, my cat **will be munching** apples.

- This summer, I **will be washing** the marsh.
- This summer, you **will be washing** the marsh.
- This summer, we **will be washing** the marsh.
- This summer, they **will be washing** the marsh.
- This summer, he **will be washing** the marsh.
- This summer, she **will be washing** the marsh.
- This summer, it **will be washing** the marsh.
- This summer, Andrea **will be washing** the marsh.
- This summer, Urison **will be washing** the marsh.
- This summer, Andrea and Urison **will be washing** the marsh.
- This summer, my cat **will be washing** the marsh.

- At noon, I **will be pushing** the bush
- At noon, you **will be pushing** the bush.
- At noon, we **will be pushing** the bush.
- At noon, they **will be pushing** the bush.
- At noon, he **will be pushing** the bush.
- At noon, she **will be pushing** the bush.
- At noon, it **will be pushing** the bush.

- At noon, Andrea **will be pushing** the bush.
- At noon, Urison **will be pushing** the bush.
- At noon, Andrea and Urison **will be pushing** the bush.
- At noon, my cat **will be pushing** the bush.

- I **will be crossing** the crossroad when you stop.
- You **will be crossing** the crossroad when I stop.
- We **will be crossing** the crossroad when you stop.
- They **will be crossing** the crossroad when you stop.
- He **will be crossing** the crossroad when you stop.
- She **will be crossing** the crossroad when you stop.
- It **will be crossing** the crossroad when you stop.
- Andrea **will be crossing** the crossroad when you stop.
- Urison **will be crossing** the crossroad when you stop.
- Andrea and Urison **will be crossing** the crossroad when you stop.
- My cat **will be crossing** the crossroad when you stop.

- I **will be buzzing** along the runway when you land.
- You **will be buzzing** along the runway when I land.
- We **will be buzzing** along the runway when you land.
- They **will be buzzing** along the runway when you land.
- He **will be buzzing** along the runway when you land.
- She **will be buzzing** along the runway when you land.
- It **will be buzzing** along the runway when you land.
- Andrea **will be buzzing** along the runway when you land.
- Urison **will be buzzing** along the runway when you land.
- Andrea and Urison **will be buzzing** along the runway

when you land.
- My cat **will be buzzing** along the runway when you land.

- I **will be jazzing** today when Nathan arrives.
- You **will be jazzing** today when Nathan arrives.
- We **will be jazzing** today when Nathan arrives.
- They **will be jazzing** today when Nathan arrives.
- He **will be jazzing** today when Nathan arrives.
- She **will be jazzing** today when Nathan arrives.
- It **will be jazzing** today when Nathan arrives.
- Andrea **will be jazzing** today when Nathan arrives.
- Urison **will be jazzing** today when Nathan arrives.
- Andrea and Urison **will be jazzing** today when Nathan arrives.
- My cat **will be jazzing** today when Nathan arrives.

- I **will be boxing** my boxes before vacation.
- You **will be boxing** my boxes before vacation.
- We **will be boxing** my boxes before vacation.
- They **will be boxing** my boxes before vacation.
- He **will be boxing** my boxes before vacation.
- She **will be boxing** my boxes before vacation.
- It **will be boxing** my boxes before vacation.
- Andrea **will be boxing** my boxes before vacation.
- Urison **will be boxing** my boxes before vacation.
- Andrea and Urison **will be boxing** my boxes before vacation.
- My cat **will be boxing** my boxes before vacation.

- I **will be relaxing** on my relaxation bench at 5:30.
- You **will be relaxing** on my relaxation bench at 5:30.
- We **will be relaxing** on my relaxation bench at 5:30.
- They **will be relaxing** on my relaxation bench at 5:30.
- He **will be relaxing** on my relaxation bench at 5:30.
- She **will be relaxing** on my relaxation bench at 5:30.

- It **will be relaxing** on my relaxation bench at 5:30.
- Andrea **will be relaxing** on my relaxation bench at 5:30.
- Urison **will be relaxing** on my relaxation bench at 5:30.
- Andrea and Urison **will be relaxing** on my relaxation bench at 5:30.
- My cat **will be relaxing** on my relaxation bench at 5:30.

- I **will be fixing** my friend's car while my friend watches.
- You **will be fixing** my friend's car while my friend watches.
- We **will be fixing** my friend's car while my friend watches.
- They **will be fixing** my friend's car while my friend watches.
- He **will be fixing** my friend's car while my friend watches.
- She **will be fixing** my friend's car while my friend watches.
- It **will be fixing** my friend's car while my friend watches.
- Andrea **will be fixing** my friend's car while my friend watches.
- Urison **will be fixing** my friend's car while my friend watches.
- Andrea and Urison **will be fixing** my friend's car while my friend watches.
- My cat **will be fixing** my friend's car while my friend watches.

- I **will be doing** my work while others go to lunch.
- You **will be doing** your work while others go to lunch.
- We **will be doing** our work while others go to lunch.
- They **will be doing** their work while others go to

lunch.

- He **will be doing** his work while others go to lunch.
- She **will be doing** her work while others go to lunch.
- It **will be doing** its work while others go to lunch.
- Andrea **will be doing** her work while others go to lunch.
- Urison **will be doing** his work while others go to lunch.
- Andrea and Urison **will be doing** their work while others go to lunch.
- My cat **will be doing** its work while others go to lunch.

- I **will be going** to work when the sun rises.
- You **will be going** to work when the sun rises.
- We **will be going** to work when the sun rises.
- They **will be going** to work when the sun rises.
- He **will be going** to work when the sun rises.
- She **will be going** to work when the sun rises.
- It **will be going** to work when the sun rises.
- Andrea **will be going** to work when the sun rises.
- Urison **will be going** to work when the sun rises.
- Andrea and Urison **will be going** to work when the sun rises.
- My cat **will be going** to work when the sun rises.

- A week from now, I **will be having** fun on the beach.
- A week from now, you **will be having** fun on the beach.
- A week from now, we **will be having** fun on the beach.
- A week from now, they **will be having** fun on the beach.
- A week from now, he **will be having** fun on the beach.
- A week from now, she **will be having** fun on the

beach.
- A week from now, it **will be having** fun on the beach.
- A week from now, Andrea **will be having** fun on the beach.
- A week from now, Urison **will be having** fun on the beach.
- A week from now, Andrea and Urison **will be having** fun on the beach.
- A week from now, my cat **will be having** fun on the beach.

Aquí hay más ejercicios:

- When the monks come, I **will be having** vegetables for dinner.
- When the monks come, you **will be having** vegetables for dinner.
- When the monks come, we **will be having** vegetables for dinner.
- When the monks come, they **will be having** vegetables for dinner.
- When the monks come, he **will be having** vegetables for dinner.
- When the monks come, she **will be having** vegetables for dinner.
- When the monks come, it **will be having** vegetables for dinner.
- When the monks come, Andrea **will be having** vegetables for dinner.
- When the monks come, Urison **will be having** vegetables for dinner.
- When the monks come, Andrea and Urison **will be having** vegetables for dinner.
- When the monks come, my cat **will be having** vegetables for dinner.

- An hour from now, I **will** still **be taking** the test.

- An hour from now, you **will** still **be taking** the test.
- An hour from now, we **will** still **be taking** the test.
- An hour from now, they **will** still **be taking** the test.
- An hour from now, he **will** still **be taking** the test.
- An hour from now, she **will** still **be taking** the test.
- An hour from now, it **will** still **be taking** the test.
- An hour from now, Andrea **will** still **be taking** the test.
- An hour from now, Urison **will** still **be taking** the test.
- An hour from now, Andrea and Urison **will** still **be taking** the test.
- An hour from now, my cat **will** still **be taking** the test.

- Tonight at 10, I **will** still **be singing** at the show.
- Tonight at 10, you **will** still **be singing** at the show.
- Tonight at 10, we **will** still **be singing** at the show.
- Tonight at 10, they **will** still **be singing** at the show.
- Tonight at 10, he **will** still **be singing** at the show.
- Tonight at 10, she **will** still **be singing** at the show.
- Tonight at 10, it **will** still **be singing** at the show.
- Tonight at 10, Andrea **will** still **be singing** at the show.
- Tonight at 10, Urison **will** still **be singing** at the show.
- Tonight at 10, Andrea and Urison **will** still **be singing** at the show.
- Tonight at 10, my cat **will** still **be singing** at the show.

- I **will be getting** my driver's license soon.
- You **will be getting** your driver's license soon.
- We **will be getting** our driver's license soon.
- They **will be getting** their driver's license soon.
- He **will be getting** his driver's license soon.
- She **will be getting** her driver's license soon.
- It **will be getting** its driver's license soon.
- Andrea **will be getting** her driver's license soon.
- Urison **will be getting** his driver's license soon.
- Andrea and Urison **will be getting** their driver's license soon.

- My cat **will be getting** its driver's license soon.

- I **will be getting** an A on the test.
- You **will be getting** an A on the test.
- We **will be getting** an A on the test.
- They **will be getting** an A on the test.
- He **will be getting** an A on the test.
- She **will be getting** an A on the test.
- It **will be getting** an A on the test.
- Andrea **will be getting** an A on the test.
- Urison **will be getting** an A on the test.
- Andrea and Urison **will be getting** an A on the test.
- My cat **will be getting** an A on the test.

- **Will** I **be driving** this car?
- **Will** you **be driving** this car?
- **Will** we **be driving** this car?
- **Will** they **be driving** this car?
- **Will** she **be driving** this car?
- **Will** he **be driving** this car?
- **Will** it **be driving** this car?
- **Will** Andrea **be driving** this car?
- **Will** Urison **be driving** this car?
- **Will** Andrea and Urison **be driving** this car?
- **Will** my cat **be driving** this car?

- **Will** I **be picking** that up on the way home?
- **Will** you **be picking** that up on the way home?
- **Will** we **be picking** that up on the way home?
- **Will** they **be picking** that up on the way home?
- **Will** she **be picking** that up on the way home?
- **Will** he **be picking** that up on the way home?
- **Will** it **be picking** that up on the way home?
- **Will** Andrea **be picking** that up on the way home?
- **Will** Urison **be picking** that up on the way home?
- **Will** Andrea and Urison **be picking** that up on the

way home?

- **Will** my cat **be picking** that up on the way home?

4.3 Futuro perfecto continuo

Observa la siguiente oración:

- Tomorrow at this time, I **will have been studying** for 12 hours.

Este ejemplo indica que "studying" (estudiando) es una acción continua que está sucediendo actualmente y que continuará sucediendo hasta mañana a esta hora.

Usamos el futuro perfecto continuo para referirnos a eventos continuos o acciones que se habrán terminado en un momento específico en el futuro:

- When you come at 10, I **will have been taking** the test for an hour.
- Tomorrow at eight, we **will have been sleeping** for 10 hours.
- By Friday, I **will have been teaching** grammar at the conference for a week.
- When the show is over, they **will have been singing** for 2 hours.

Echemos un vistazo a esta oración:

- When we wake up at eight, we **will have been sleeping** for 10 hours.

Si cambiamos el sujeto a *she*, se ve así:

- When she wakes up at eight, she **will have been sleeping** for 10 hours.

Ahora, aprendamos el futuro perfecto continuo:

- By eight o'clock, I **will have been listening** to audiobooks for two hours.

- By eight o'clock, you **will have been listening** to audiobooks for two hours.
- By eight o'clock, we **will have been listening** to audiobooks for two hours.
- By eight o'clock, they **will have been listening** to audiobooks for two hours..
- By eight o'clock, he **will have been listening** to audiobooks for two hours.
- By eight o'clock, she **will have been listening** to audiobooks for two hours.
- By eight o'clock, it **will have been listening** to audiobooks for two hours.
- By eight o'clock, Andrea **will have been listening** to audiobooks for two hours.
- By eight o'clock, Urison **will have been listening** to audiobooks for two hours.
- By eight o'clock, Andrea and Urison **will have been listening** to audiobooks for two hours.
- By eight o'clock, my cat **will have been listening** to audiobooks for two hours.

- In two days, I **will have been learning** the tenses for two weeks.
- In two days, you **will have been learning** the tenses for two weeks.
- In two days, we **will have been learning** the tenses for two weeks.
- In two days, they **will have been learning** the tenses for two weeks.
- In two days, he **will have been learning** the tenses for two weeks.
- In two days, she **will have been learning** the tenses for two weeks.
- In two days, it **will have been learning** the tenses for two weeks.
- In two days, Andrea **will have been learning** the tenses for two weeks.

- In two days, Urison **will have been learning** the tenses for two weeks.
- In two days, Andrea and Urison **will have been learning** the tenses for two weeks.
- In two days, my cat **will have been learning** the tenses for two weeks.

- A week from now, I **will have been playing** the new game for a month.
- A week from now, you **will have been playing** the new game for a month.
- A week from now, we **will have been playing** the new game for a month.
- A week from now, they **will have been playing** the new game for a month.
- A week from now, he **will have been playing** the new game for a month.
- A week from now, she **will have been playing** the new game for a month.
- A week from now, it **will have been playing** the new game for a month.
- A week from now, Andrea **will have been playing** the new game for a month.
- A week from now, Urison **will have been playing** the new game for a month.
- A week from now, Andrea and Urison **will have been playing** the new game for a month.
- A week from now, my cat **will have been playing** the new game for a month.

- In a month, I **will have been enjoying** life for a year.
- In a month, you **will have been enjoying** life for a year.
- In a month, we **will have been enjoying** life for a year.
- In a month, they **will have been enjoying** life for a year.

- In a month, he **will have been enjoying** life for a year.
- In a month, she **will have been enjoying** life for a year.
- In a month, it **will have been enjoying** life for a year.
- In a month, Andrea **will have been enjoying** life for a year.
- In a month, Urison **will have been enjoying** life for a year.
- In a month, Andrea and Urison **will have been enjoying** life for a year.
- In a month, my cat **will have been enjoying** life for a year.

- When you arrive next week, I **will have been surveying** for three weeks.
- When you arrive next week, you **will have been surveying** for three weeks.
- When you arrive next week, we **will have been surveying** for three weeks.
- When you arrive next week, they **will have been surveying** for three weeks.
- When you arrive next week, he **will have been surveying** for three weeks.
- When you arrive next week, she **will have been surveying** for three weeks.
- When you arrive next week, it **will have been surveying** for three weeks.
- When you arrive next week, Andrea **will have been surveying** for three weeks.
- When you arrive next week, Urison **will have been surveying** for three weeks.
- When you arrive next week, Andrea and Urison **will have been surveying** for three weeks.
- When you arrive next week, my cat **will have been surveying** for three weeks.

- When the snow stops, I **will have been playing** for two hours.
- When the snow stops, you **will have been playing** for two hours.
- When the snow stops, we **will have been playing** for two hours.
- When the snow stops, they **will have been playing** for two hours.
- When the snow stops, he **will have been playing** for two hours.
- When the snow stops, she **will have been playing** for two hours.
- When the snow stops, it **will have been playing** for two hours.
- When the snow stops, Andrea **will have been playing** for two hours.
- When the snow stops, Urison **will have been playing** for two hours.
- When the snow stops, Andrea and Urison **will have been playing** for two hours.
- When the snow stops, my cat **will have been playing** for two hours.

Hagamos que el futuro perfecto continuo llegue a nuestra mente subconsciente. Sigamos practicando.

- When the snow melts, I **will have been staying** home for a week.
- When the snow melts, you **will have been staying** home for a week.
- When the snow melts, we **will have been staying** home for a week.
- When the snow melts, they **will have been staying** home for a week.
- When the snow melts, he **will have been staying** home for a week.
- When the snow melts, she **will have been staying**

home for a week.

- When the snow melts, it **will have been staying** home for a week.
- When the snow melts, Andrea **will have been staying** home for a week.
- When the snow melts, Urison **will have been staying** home for a week.
- When the snow melts, Andrea and Urison **will have been staying** home for a week.
- When the snow melts, my cat **will have been staying** home for a week.

- By tomorrow, I **will have been buying** lunch for a week.
- By tomorrow, you **will have been buying** lunch for a week.
- By tomorrow, we **will have been buying** lunch for a week.
- By tomorrow, they **will have been buying** lunch for a week.
- By tomorrow, he **will have been buying** lunch for a week.
- By tomorrow, she **will have been buying** lunch for a week.
- By tomorrow, it **will have been buying** lunch for a week.
- By tomorrow, Andrea **will have been buying** lunch for a week.
- By tomorrow, Urison **will have been buying** lunch for a week.
- By tomorrow, Andrea and Urison **will have been buying** lunch for a week.
- By tomorrow, my cat **will have been buying** lunch for a week.

- When the plane lands, I **will have been flying** for 3000 hours.

- When the plane lands, you **will have been flying** for 3000 hours.
- When the plane lands, we **will have been flying** for 3000 hours.
- When the plane lands, they **will have been flying** for 3000 hours.
- When the plane lands, he **will have been flying** for 3000 hours.
- When the plane lands, she **will have been flying** for 3000 hours.
- When the plane lands, it **will have been flying** for 3000 hours.
- When the plane lands, Andrea **will have been flying** for 3000 hours.
- When the plane lands, Urison **will have been flying** for 3000 hours.
- When the plane lands, Andrea and Urison **will have been flying** for 3000 hours.
- When the plane lands, my cat **will have been flying** for 3000 hours.

- When the class ends, I **will have been teaching** English for three hours.
- When the class ends, you **will have been teaching** English for three hours.
- When the class ends, we **will have been teaching** English for three hours.
- When the class ends, they **will have been teaching** English for three hours.
- When the class ends, he **will have been teaching** English for three hours.
- When the class ends, she **will have been teaching** English for three hours.
- When the class ends, it **will have been teaching** English for three hours.
- When the class ends, Andrea **will have been teaching** English for three hours.

- When the class ends, Urison **will have been teaching** English for three hours.
- When the class ends, Andrea and Urison **will have been teaching** English for three hours.
- When the class ends, my cat **will have been teaching** English for three hours.

- When the cloud moves in, I **will have been watching** the night sky for four hours.
- When the cloud moves in, you **will have been watching** the night sky for four hours.
- When the cloud moves in, we **will have been watching** the night sky for four hours.
- When the cloud moves in, they **will have been watching** the night sky for four hours.
- When the cloud moves in, he **will have been watching** the night sky for four hours.
- When the cloud moves in, she **will have been watching** the night sky for four hours.
- When the cloud moves in, it **will have been watching** the night sky for four hours.
- When the cloud moves in, Andrea **will have been watching** the night sky for four hours.
- When the cloud moves in, Urison **will have been watching** the night sky for four hours.
- When the cloud moves in, Andrea and Urison **will have been watching** the night sky for four hours.
- When the cloud moves in, my cat **will have been watching** the night sky for four hours.

- In October, I **will have been munching** apples for a month.
- In October, you **will have been munching** apples for a month.
- In October, we **will have been munching** apples for a month.
- In October, they **will have been munching** apples for

a month.

- In October, he **will have been munching** apples for a month.
- In October, she **will have been munching** apples for a month.
- In October, it **will have been munching** apples for a month.
- In October, Andrea **will have been munching** apples for a month.
- In October, Urison **will have been munching** apples for a month.
- In October, Andrea and Urison **will have been munching** apples for a month.
- In October, my cat **will have been munching** apples for a month.

- By September, I **will have been washing** the marsh for three months.
- By September, you **will have been washing** the marsh for three months.
- By September, we **will have been washing** the marsh for three months.
- By September, they **will have been washing** the marsh for three months.
- By September, he **will have been washing** the marsh for three months.
- By September, she **will have been washing** the marsh for three months.
- By September, it **will have been washing** the marsh for three months.
- By September, Andrea **will have been washing** the marsh for three months.
- By September, Urison **will have been washing** the marsh for three months.
- By September, Andrea and Urison **will have been washing** the marsh for three months.
- By September, my cat **will have been washing** the

marsh for three months.

- At noon, I **will have been pushing** the bush for an hour
- At noon, you **will have been pushing** the bush for an hour.
- At noon, we **will have been pushing** the bush for an hour.
- At noon, they **will have been pushing** the bush for an hour.
- At noon, he **will have been pushing** the bush for an hour.
- At noon, she **will have been pushing** the bush for an hour.
- At noon, it **will have been pushing** the bush for an hour.
- At noon, Andrea **will have been pushing** the bush for an hour.
- At noon, Urison **will have been pushing** the bush for an hour.
- At noon, Andrea and Urison **will have been pushing** the bush for an hour.
- At noon, my cat **will have been pushing** the bush for an hour.

- I **will have been buzzing** along the runway for 30 minutes when you land.
- You **will have been buzzing** along the runway for 30 minutes when you land.
- We **will have been buzzing** along the runway for 30 minutes when you land.
- They **will have been buzzing** along the runway for 30 minutes when you land.
- He **will have been buzzing** along the runway for 30 minutes when you land.
- She **will have been buzzing** along the runway for 30 minutes when you land.

- It **will have been buzzing** along the runway for 30 minutes when you land.
- Andrea **will have been buzzing** along the runway for 30 minutes when you land.
- Urison **will have been buzzing** along the runway for 30 minutes when you land.
- Andrea and Urison **will have been buzzing** along the runway for 30 minutes when you land.
- My cat **will have been buzzing** along the runway for 30 minutes when you land.

- I **will have been jazzing** for two hours when Nathan arrives.
- You **will have been jazzing** for two hours when Nathan arrives.
- We **will have been jazzing** for two hours when Nathan arrives.
- They **will have been jazzing** for two hours when Nathan arrives.
- He **will have been jazzing** for two hours when Nathan arrives.
- She **will have been jazzing** for two hours when Nathan arrives.
- It **will have been jazzing** for two hours when Nathan arrives.
- Andrea **will have been jazzing** for two hours when Nathan arrives.
- Urison **will have been jazzing** for two hours when Nathan arrives.
- Andrea and Urison **will have been jazzing** for two hours when Nathan arrives.
- My cat **will have been jazzing** for two hours when Nathan arrives.

- I **will have been boxing** my boxes for three days when the day comes.
- You **will have been boxing** my boxes for three days

when the day comes.
- We **will have been boxing** my boxes for three days when the day comes.
- They **will have been boxing** my boxes for three days when the day comes.
- He **will have been boxing** my boxes for three days when the day comes.
- She **will have been boxing** my boxes for three days when the day comes.
- It **will have been boxing** my boxes for three days when the day comes.
- Andrea **will have been boxing** my boxes for three days when the day comes.
- Urison **will have been boxing** my boxes for three days when the day comes.
- Andrea and Urison **will have been boxing** my boxes for three days when the day comes.
- My cat **will have been boxing** my boxes for three days when the day comes.

- By noon, I **will have been relaxing** on my relaxation bench for two hours
- By noon, you **will have been relaxing** on my relaxation bench for two hours.
- By noon, we **will have been relaxing** on my relaxation bench for two hours.
- By noon, they **will have been relaxing** on my relaxation bench for two hours.
- By noon, he **will have been relaxing** on my relaxation bench for two hours.
- By noon, she **will have been relaxing** on my relaxation bench for two hours.
- By noon, it **will have been relaxing** on my relaxation bench for two hours.
- By noon, Andrea **will have been relaxing** on my relaxation bench for two hours.
- By noon, Urison **will have been relaxing** on my

relaxation bench for two hours.
- By noon, Andrea and Urison **will have been relaxing** on my relaxation bench for two hours.
- By noon, my cat **will have been relaxing** on my relaxation bench for two hours.

- By 11, I **will have been fixing** my friend's car for three hours
- By 11, you **will have been fixing** my friend's car for three hours.
- By 11, we **will have been fixing** my friend's car for three hours.
- By 11, they **will have been fixing** my friend's car for three hours.
- By 11, he **will have been fixing** my friend's car for three hours.
- By 11, she **will have been fixing** my friend's car for three hours.
- By 11, it **will have been fixing** my friend's car for three hours.
- By 11, Andrea **will have been fixing** my friend's car for three hours.
- By 11, Urison **will have been fixing** my friend's car for three hours.
- By 11, Andrea and Urison **will have been fixing** my friend's car for three hours.
- By 11, my cat **will have been fixing** my friend's car for three hours.

- I **will have been doing** my work for six hours when others go to lunch.
- You **will have been doing** your work for six hours when others go to lunch.
- We **will have been doing** our work for six hours when others go to lunch.
- They **will have been doing** their work for six hours when others go to lunch.

- He **will have been doing** his work for six hours when others go to lunch.
- She **will have been doing** her work for six hours when others go to lunch.
- It **will have been doing** its work for six hours when others go to lunch.
- Andrea **will have been doing** her work for six hours when others go to lunch.
- Urison **will have been doing** his work for six hours when others go to lunch.
- Andrea and Urison **will have been doing** their work for six hours when others go to lunch.
- My cat **will have been doing** its work for six hours when others go to lunch.

- I **will have been going** to work for 10 minutes when the sun rises.
- You **will have been going** to work for 10 minutes when the sun rises.
- We **will have been going** to work for 10 minutes when the sun rises.
- They **will have been going** to work for 10 minutes when the sun rises.
- He **will have been going** to work for 10 minutes when the sun rises.
- She **will have been going** to work for 10 minutes when the sun rises.
- It **will have been going** to work for 10 minutes when the sun rises.
- Andrea **will have been going** to work for 10 minutes when the sun rises.
- Urison **will have been going** to work for 10 minutes when the sun rises.
- Andrea and Urison **will have been going** to work for 10 minutes when the sun rises.
- My cat **will have been going** to work for 10 minutes when the sun rises.

4.4 Futuro Perfecto

Observa el siguiente ejemplo:

- I **will have studied** all 12 tenses by the time I finish this chapter.

Usamos el tiempo futuro perfecto para referirnos a eventos continuos o acciones que se terminarán en un período específico de tiempo en el futuro:

- By the time you arrive, I **will have taken** the test.
- By next year, we **will have worked** here for 10 years.
- I **will have taught** grammar at the conference for a month by next week.
- They **will have finished** the work by the end of the month.

Echa un vistazo a esta oración:

- By the time we wake up, we **will have slept** for 10 hours.

Ahora, si cambiamos el sujeto a *she*, todo lo demás se mantiene igual:

- By the time she wakes up, she **will have slept** for 10 hours.

Ahora, aprendamos el tiempo futuro perfecto:

- By the end of this hour, I **will have listened** to audiobooks for two hours.
- By the end of this hour, you **will have listened** to audiobooks for two hours.
- By the end of this hour, we **will have listened** to audiobooks for two hours.
- By the end of this hour, they **will have listened** to

audiobooks for two hours.
- By the end of this hour, he **will have listened** to audiobooks for two hours.
- By the end of this hour, she **will have listened** to audiobooks for two hours.
- By the end of this hour, it **will have listened** to audiobooks for two hours.
- By the end of this hour, Andrea **will have listened** to audiobooks for two hours.
- By the end of this hour, Urison **will have listened** to audiobooks for two hours.
- By the end of this hour, Andrea and Urison **will have listened** to audiobooks for two hours.
- By the end of this hour, my cat **will have listened** to audiobooks for two hours.

- By the end of the week, I **will have learned** tenses for two weeks.
- By the end of the week, you **will have learned** tenses for two weeks.
- By the end of the week, we **will have learned** tenses for two weeks.
- By the end of the week, they **will have learned** tenses for two weeks.
- By the end of the week, he **will have learned** tenses for two weeks.
- By the end of the week, she **will have learned** tenses for two weeks.
- By the end of the week, it **will have learned** tenses for two weeks.
- By the end of the week, Andrea **will have learned** tenses for two weeks.
- By the end of the week, Urison **will have learned** tenses for two weeks.
- By the end of the week, Andrea and Urison **will have learned** tenses for two weeks.
- By the end of the week, my cat **will have learned**

tenses for two weeks.

- By the end of the month, I **will have enjoyed** life for a year.
- By the end of the month, you **will have enjoyed** life for a year.
- By the end of the month, we **will have enjoyed** life for a year.
- By the end of the month, they **will have enjoyed** life for a year.
- By the end of the month, he **will have enjoyed** life for a year.
- By the end of the month, she **will have enjoyed** life for a year.
- By the end of the month, it **will have enjoyed** life for a year.
- By the end of the month, Andrea **will have enjoyed** life for a year.
- By the end of the month, Urison **will have enjoyed** life for a year.
- By the end of the month, Andrea and Urison **will have enjoyed** life for a year.
- By the end of the month, my cat **will have enjoyed** life for a year.

- By the time you arrive, I **will have surveyed** for three weeks.
- By the time I arrive, you **will have surveyed** for three weeks.
- By the time you arrive, we **will have surveyed** for three weeks.
- By the time you arrive, they **will have surveyed** for three weeks.
- By the time you arrive, he **will have surveyed** for three weeks.
- By the time you arrive, she **will have surveyed** for three weeks.

- By the time you arrive, it **will have surveyed** for three weeks.
- By the time you arrive, Andrea **will have surveyed** for three weeks.
- By the time you arrive, Urison **will have surveyed** for three weeks.
- By the time you arrive, Andrea and Urison **will have surveyed** for three weeks.
- By the time you arrive, my cat **will have surveyed** for three weeks.

Ahora que ya conoces el tiempo futuro perfecto, practica los siguientes ejercicios para hacer que llegue a tu mente subconsciente:

- By the end of the hour, I **will have played** for two hours.
- By the end of the hour, you **will have played** for two hours.
- By the end of the hour, we **will have played** for two hours.
- By the end of the hour, they **will have played** for two hours.
- By the end of the hour, he **will have played** for two hours.
- By the end of the hour, she **will have played** for two hours.
- By the end of the hour, it **will have played** for two hours.
- By the end of the hour, Andrea **will have played** for two hours.
- By the end of the hour, Urison **will have played** for two hours.
- By the end of the hour, Andrea and Urison **will have played** for two hours.
- By the end of the hour, my cat **will have played** for two hours.

- By the time the snow melts, I **will have stayed** home for a week.
- By the time the snow melts, you **will have stayed** home for a week.
- By the time the snow melts, we **will have stayed** home for a week.
- By the time the snow melts, they **will have stayed** home for a week.
- By the time the snow melts, he **will have stayed** home for a week.
- By the time the snow melts, she **will have stayed** home for a week.
- By the time the snow melts, it **will have stayed** home for a week.
- By the time the snow melts, Andrea **will have stayed** home for a week.
- By the time the snow melts, Urison **will have stayed** home for a week.
- By the time the snow melts, Andrea and Urison **will have stayed** home for a week.
- By the time the snow melts, my cat **will have stayed** home for a week.

- By tomorrow, I **will have bought** lunch for a week.
- By tomorrow, you **will have bought** lunch for a week.
- By tomorrow, we **will have bought** lunch for a week.
- By tomorrow, they **will have bought** lunch for a week.
- By tomorrow, he **will have bought** lunch for a week.
- By tomorrow, she **will have bought** lunch for a week.
- By tomorrow, it **will have bought** lunch for a week.
- By tomorrow, Andrea **will have bought** lunch for a week.
- By tomorrow, Urison **will have bought** lunch for a week.
- By tomorrow, Andrea and Urison **will have bought**

lunch for a week.
- By tomorrow, my cat **will have bought** lunch for a week.

- By the time the plane lands, I **will have flown** for 3000 hours.
- By the time the plane lands, you **will have flown** for 3000 hours.
- By the time the plane lands, we **will have flown** for 3000 hours.
- By the time the plane lands, they **will have flown** for 3000 hours.
- By the time the plane lands, he **will have flown** for 3000 hours.
- By the time the plane lands, she **will have flown** for 3000 hours.
- By the time the plane lands, it **will have flown** for 3000 hours.
- By the time the plane lands, Andrea **will have flown** for 3000 hours.
- By the time the plane lands, Urison **will have flown** for 3000 hours.
- By the time the plane lands, Andrea and Urison **will have flown** for 3000 hours.
- By the time the plane lands, my cat **will have flown** for 3000 hours.

- At the end of the class, I **will have taught** English for three hours.
- At the end of the class, you **will have taught** English for three hours.
- At the end of the class, we **will have taught** English for three hours.
- At the end of the class, they **will have taught** English for three hours.
- At the end of the class, he **will have taught** English for three hours.

- At the end of the class, she **will have taught** English for three hours.
- At the end of the class, it **will have taught** English for three hours.
- At the end of the class, Andrea **will have taught** English for three hours.
- At the end of the class, Urison **will have taught** English for three hours.
- At the end of the class, Andrea and Urison **will have taught** English for three hours.
- At the end of the class, my cat **will have taught** English for three hours.

- By the time the cloud moves in, I **will have watched** the night sky for four hours.
- By the time the cloud moves in, you **will have watched** the night sky for four hours.
- By the time the cloud moves in, we **will have watched** the night sky for four hours.
- By the time the cloud moves in, they **will have watched** the night sky for four hours.
- By the time the cloud moves in, he **will have watched** the night sky for four hours.
- By the time the cloud moves in, she **will have watched** the night sky for four hours.
- By the time the cloud moves in, it **will have watched** the night sky for four hours.
- By the time the cloud moves in, Andrea **will have watched** the night sky for four hours.
- By the time the cloud moves in, Urison **will have watched** the night sky for four hours.
- By the time the cloud moves in, Andrea and Urison **will have watched** the night sky for four hours.
- By the time the cloud moves in, my cat **will have watched** the night sky for four hours.

- In October, I **will have munched** apples for a month.

- In October, you **will have munched** apples for a month.
- In October, we **will have munched** apples for a month.
- In October, they **will have munched** apples for a month.
- In October, he **will have munched** apples for a month.
- In October, she **will have munched** apples for a month.
- In October, it **will have munched** apples for a month.
- In October, Andrea **will have munched** apples for a month.
- In October, Urison **will have munched** apples for a month.
- In October, Andrea and Urison **will have munched** apples for a month.
- In October, my cat **will have munched** apples for a month.

- By September, I **will have washed** the marsh for three months.
- By September, you **will have washed** the marsh for three months.
- By September, we **will have washed** the marsh for three months.
- By September, they **will have washed** the marsh for three months.
- By September, he **will have washed** the marsh for three months.
- By September, she **will have washed** the marsh for three months.
- By September, it **will have washed** the marsh for three months.
- By September, Andrea **will have washed** the marsh for three months.
- By September, Urison **will have washed** the marsh

for three months.

- By September, Andrea and Urison **will have washed** the marsh for three months.
- By September, my cat **will have washed** the marsh for three months.

- By noon, I **will have pushed** the bush for an hour
- By noon, you **will have pushed** the bush for an hour.
- By noon, we **will have pushed** the bush for an hour.
- By noon, they **will have pushed** the bush for an hour.
- By noon, he **will have pushed** the bush for an hour.
- By noon, she **will have pushed** the bush for an hour.
- By noon, it **will have pushed** the bush for an hour.
- By noon, Andrea **will have pushed** the bush for an hour.
- By noon, Urison **will have pushed** the bush for an hour.
- By noon, Andrea and Urison **will have pushed** the bush for an hour.
- By noon, my cat **will have pushed** the bush for an hour.

- I **will have buzzed** along the runway for 30 minutes when you land.
- You **will have buzzed** along the runway for 30 minutes when I land.
- We **will have buzzed** along the runway for 30 minutes when you land.
- They **will have buzzed** along the runway for 30 minutes when you land.
- He **will have buzzed** along the runway for 30 minutes when you land.
- She **will have buzzed** along the runway for 30 minutes when you land.
- It **will have buzzed** along the runway for 30 minutes when you land.

- Andrea **will have buzzed** along the runway for 30 minutes when you land.
- Urison **will have buzzed** along the runway for 30 minutes when you land.
- Andrea and Urison **will have buzzed** along the runway for 30 minutes when you land.
- My cat **will have buzzed** along the runway for 30 minutes when you land.

- I **will have jazzed** for two hours when Nathan arrives.
- You **will have jazzed** for two hours when Nathan arrives.
- We **will have jazzed** for two hours when Nathan arrives.
- They **will have jazzed** for two hours when Nathan arrives.
- He **will have jazzed** for two hours when Nathan arrives.
- She **will have jazzed** for two hours when Nathan arrives.
- It **will have jazzed** for two hours when Nathan arrives.
- Andrea **will have jazzed** for two hours when Nathan arrives.
- Urison **will have jazzed** for two hours when Nathan arrives.
- Andrea and Urison **will have jazzed** for two hours when Nathan arrives.
- My cat **will have jazzed** for two hours when Nathan arrives.

- I **will have boxed** my boxes for three days when Nathan arrives.
- You **will have boxed** my boxes for three days when Nathan arrives.
- We **will have boxed** my boxes for three days when Nathan arrives.

- They **will have_boxed** my boxes for three days when Nathan arrives.
- He **will have boxed** my boxes for three days when Nathan arrives.
- She **will have boxed** my boxes for three days when Nathan arrives.
- It **will have boxed** my boxes for three days when Nathan arrives.
- Andrea **will have boxed** my boxes for three days when Nathan arrives.
- Urison **will have boxed** my boxes for three days when Nathan arrives.
- Andrea and Urison **will have boxed** my boxes for three days when Nathan arrives.
- My cat **will have boxed** my boxes for three days when Nathan arrives.

- By noon, I **will have relaxed** on my relaxation bench for two hours.
- By noon, you **will have relaxed** on my relaxation bench for two hours.
- By noon, we **will have relaxed** on my relaxation bench for two hours.
- By noon, they **will have relaxed** on my relaxation bench for two hours.
- By noon, he **will have relaxed** on my relaxation bench for two hours.
- By noon, she **will have relaxed** on my relaxation bench for two hours.
- By noon, it **will have relaxed** on my relaxation bench for two hours.
- By noon, Andrea **will have relaxed** on my relaxation bench for two hours.
- By noon, Urison **will have relaxed** on my relaxation bench for two hours.
- By noon, Andrea and Urison **will have relaxed** on my relaxation bench for two hours.

- By noon, my cat **will have relaxed** on my relaxation bench for two hours.

- By noon, I **will have fixed** my friend's car for three hours.
- By noon, you **will have fixed** my friend's car for three hours.
- By noon, we **will have fixed** my friend's car for three hours.
- By noon, they **will have fixed** my friend's car for three hours.
- By noon, he **will have fixed** my friend's car for three hours.
- By noon, she **will have fixed** my friend's car for three hours.
- By noon, it **will have fixed** my friend's car for three hours.
- By noon, Andrea **will have fixed** my friend's car for three hours.
- By noon, Urison **will have fixed** my friend's car for three hours.
- By noon, Andrea and Urison **will have fixed** my friend's car for three hours.
- By noon, my cat **will have fixed** my friend's car for three hours.

- I **will have done** my work for six hours when others go to lunch.
- You **will have done** your work for six hours when others go to lunch.
- We **will have done** our work for six hours when others go to lunch.
- They **will have done** their work for six hours when others go to lunch.
- He **will have done** his work for six hours when others go to lunch.
- She **will have done** her work for six hours when

others go to lunch.

- It **will have done** its work for six hours when others go to lunch.
- Andrea **will have done** her work for six hours when others go to lunch.
- Urison **will have done** his work for six hours when others go to lunch.
- Andrea and Urison **will have done** their work for six hours when others go to lunch.
- My cat **will have done** its work for six hours when others go to lunch.

- I **will have gone** to work for 10 minutes when the sun rises.
- You **will have gone** to work for 10 minutes when the sun rises.
- They **will have gone** to work for 10 minutes when the sun rises.
- He **will have gone** to work for 10 minutes when the sun rises.
- She **will have gone** to work for 10 minutes when the sun rises.
- It **will have gone** to work for 10 minutes when the sun rises.
- Andrea **will have gone** to work for 10 minutes when the sun rises.
- Urison **will have gone** to work for 10 minutes when the sun rises.
- Andrea and Urison **will have gone** to work for 10 minutes when the sun rises.
- My cat **will have gone** to work for 10 minutes when the sun rises.

Capítulo 5: Tiempos condicionales

- If the sun comes up, the frost **melts**.
- If birds have no wings, they don't **fly**.
- If you throw a rock into a pond, it **creates** ripples.

Todas estas oraciones contienen tiempos condicionales acerca de verdades generales de la naturaleza. Si esto sucede, eso sucede. En la mayoría de los casos usamos la palabra *if* en oraciones que contienen un par de cláusulas condicionales. Usamos los tiempos condicionales para especular acerca de lo que podría suceder, lo que podría haber sucedido, y lo que deseamos que sucediera.

El condicional cero – Indica realidad la realidad predecible y los hechos.

Este condicional es usado para verdades generales y para algo real. Usamos este condicional para algo que siempre sucede de la misma manera. Usamos este condicional para hablar de algo que siempre tiene un resultado predecible garantizado:

- If the sun comes up, the frost **melts**.
- If you throw a rock into a pond, it **creates** ripples.

Estos son hechos. Siempre suceden. La cláusula *if* está en presente simple, y la cláusula principal también está en presente simple.

- If you throw a ball into the air, it **comes** back down.
- If a meteorite hits the earth, it **creates** a flash.

Estos también son hechos. Siempre suceden. Cuando la situación sea completamente probable, usa el tiempo presente en la cláusula *if* y el tiempo presente en la cláusula principal.

El primer condicional — Indica que algo es irreal, pero probable:

Este condicional es usado para situaciones irreales pero probables. Usamos este condicional para algo que no ha sucedido pero que es probable que suceda. Si esto sucede, es probable que eso suceda.

- If I get 100 on my test, I **will laugh**.

Esto no ha sucedido todavía. No he obtenido 100 en mi prueba. Es irreal. Pero es probable que me ría si obtengo un 100 en la prueba.

En la primera cláusula condicional, usamos el presente simple en situaciones irreales y probables. Usamos will + un verbo en la cláusula principal.

- If it snows, animals **will hide**.
- If I have a dollar, I **will save** it.
- If they come, we **will play** games.
- If you leave now, you **will get** there on time.

El segundo condicional— Indica que algo es irreal e improbable.

El segundo condicional se emplea para situaciones irreales e improbables. Usamos este condicional para algo que no ha sucedido y que imaginamos que es improbable que suceda, por ejemplo:

- If we threw a rock at a beehive, we **would need** to run to stay alive.

Esto no ha sucedido todavía. No arrojamos una piedra a un panal de abejas. No creemos que sucederá. Es improbable

que arrojemos una piedra a un panal de abejas.
En la segunda cláusula condicional, usamos el pasado
simple para indicar situaciones irreales e improbables.
Usamos w*ould* + un verbo en la cláusula principal:

- If Andrea came yesterday, we **would write** this book
  together.
- If I **were** rich, I **would live** on an island. (En el
  segundo condicional, en lugar de usar *was*, usa
  were.)
- If I lived on an island, I **would fly** to work.
- If humans didn't **play** with fire, humans **would** still **be
  living** in caves.

El tercer condicional— Indica una condición irreal.

Este condicional es usado para situaciones en el pasado
que no sucedieron. Son irreales. Solo imaginamos cuáles
habrían sido las consecuencias, por ejemplo:

- If Andrea had come yesterday, we **would have
  written** this book together.
- If I had been rich, I **would have lived** on an island.
- If I had lived on an island, I **would have flown** to
  work.
- If you had gotten 100 on your test, you **would have
  laughed**.

En la tercera cláusula condicional, usamos el pasado
perfecto en la cláusula condicional y *would have* + un verbo
en su forma de pasado participio en la cláusula principal.

Ahora, echemos un vistazo a todos juntos.

0 Condicional	If it snows,	Animals **hide**.

TIEMPOS VERBALES DEL INGLÉS

1er Condicional	If it snows,	Animals **will hide**.
2do Condicional	If it snowed,	Animals **would hide**.
3er Condicional	If it had snowed,	Animals **would have hidden**.

Capítulo 6: Concordancia sujeto-verbo

En inglés, el sujeto y el verbo deben concordar entre sí.
Observa estos dos ejemplos para ver si son correctos:

- The cow **moos**.
- The cows **moo**.

Sí. Son correctos. En el tiempo presente, cuando tengas un
sujeto en singular, agrega una *s* al final del verbo para
hacerlos concordar.

- The kid **jumps**.
- The horse **runs**.
- The planet **revolves** around the sun.

Alternativamente, cuando tengas un sujeto en plural, solo
usa el verbo en su forma original:

- The kids **jump**.
- The horses **run**.
- The planets **revolve** around the sun.

Para la tercera persona singular, agrega una *s* al final del
verbo.

- He **succeeds**.
- She **succeeds**.
- It **succeeds**.
- Andrea **succeeds**.
- Urison **succeeds**.

Y, he aquí como debe verse tu oración para la primera
persona, la segunda persona y la tercera persona del plural:

- I **succeed**.
- You **succeed**.
- They **succeed**.
- Andrea and Urison **succeed**.

6.1 Pronombres singulares indefinidos

Los pronombres indefinidos pueden ser singulares o plurales. Aquí hay algunos ejemplos:

- **Everyone breathes**.
- **Everything begins**.
- **Anything is** possible.

Cuando uses pronombres singulares indefinidos, agrega una *s* al final del verbo. Vamos a sumergirnos:

- Anybody
- Anybody **gets** it for free.

- Anyone
- **Does** anyone **have** an idea?

- Anything
- Anything **is** possible.

- Anywhere
- Anywhere **is** a good place.

- Each
- **Each** of the football players **is** ready to start the game.

- Either
- **Either** of us **is** capable of giving help.

- Everybody
- Everybody **is** fine.

- Everyone
- Everyone **has** helped.

- Everything
- Everything **is** okay.

- Everywhere
- Everywhere **is** safe.

- Little
- Little information **is** helpful.

- Much
- Much time **has been** used in production.

- Neither
- Neither of them **is** an astronaut.

- Nobody
- Nobody **wonders** why.

- No one
- No one **knows** how.

- Nothing
- Nothing **matters**.

- Nowhere
- There **is** nowhere that **hasn't been searched**.

- One
- One person **is** enough.

- Somebody
- Somebody **has** to do it.

- Someone
- Someone **is coming**.

- Something
- Something **is** better than nothing.

- Somewhere
- Somewhere **is** better than nowhere.

- Everything
- Everything **has been done**.

- Somebody
- Somebody **has left** her phone.

- Everybody
- Everybody **has taken** his chance.

6.2 Pronombres plurales indefinidos

Aquí hay algunos ejercicios de pronombres plurales indefinidos:

- Both
- Both Urison and Andrea **are** good at English.

- Few
- Few **know** the secret.

- Fewer
- Fewer **know** the truth.

- Many
- Many **are** the original artists.

- Others
- Others **are** later comers.

- Several
- Several **are** students.

6.3 Pronombres indefinidos que pueden ser singulares o plurales

Los siguientes pronombres indefinidos pueden ser singulares o plurales:

- All
- All of the water **is gone**. (Todo es singular aquí cuando se habla de agua, que es incontable.)
- All **are** welcome. (Todo es plural aquí porque podemos contar el número de personas.)

Como regla general: Usa los pronombres indefinidos como singulares cuando se hable de sujetos incontables (como agua). Usa los pronombres indefinidos como plurales si el sujeto es contable.

- Any
- Any of the information **is** helpful.
- Any of the computers **are** available.

- Either...or
- Either Andrea or Urison **is** capable of giving help. (empareja el verbo con la palabra más cercana.)
- Either Andrea or her friends **are** capable of giving help.

- Neither...nor
- Neither Andrea nor Nathan **is** an astronaut.
- Neither Andrea nor the players **are** astronauts. (empareja el verbo con la palabra más cercana)

- More
- More sugar **is coming**.
- More sugar canes **are coming**.

TIEMPOS VERBALES DEL INGLÉS

- More than half of the sugar **has come**.
- More than one sugar cane **has come**. (Aquí *More than one* toma la forma singular)
- More than half of the sugar canes **have come**. (Aquí *More than half* toma la forma plural.)

- Most
- Most of the milk **is gone**.
- Most of the cows **are gone**.

- None
- None of the water **is** potable.
- None of the players **are** astronauts.

- Some
- Some of the stars **are** very bright. (*Stars* es contable.)
- Some of the heat **escapes** from the stars. (*Heat* es incontable.)

- Such
- Such water **is** tasty.
- Such streams **are** welcome.

6.4 Sustantivos no contables

Estos son algunos ejemplos de sustantivos no contables:
- water
- money
- sugar
- happiness

Los sustantivos no contables son sustantivos que no se pueden contar. Podemos beber un vaso de agua, pero no podemos beber un agua. Podemos tener $10, pero no podemos tener 10 dineros.

Los sustantivos no contables siempre son singulares. Por lo tanto, debemos agregar una *s* al final del verbo:
- Rice **grows** in the fields.
- Knowledge **gives** you power.
- Water **is** also known as H2O.

Hay decenas de miles de sustantivos no contables. Esta es una lista de ellos, clasificados por categorías.

Conceptos abstractos – Palabras que se refieren a ideas o cualidades:
- Beauty, confidence, excitement, experience, freedom, fun, happiness, health, information, intelligence, time

Tipos de actividades (con la forma –ing):
- Swimming, dancing, reading, laughing, hiking, working, writing, drinking, studying

Alimentos:
- Milk, corn, salt, flour, rice, wheat, bread, sugar, meat, water

Asuntos sin forma definida:

- Work, equipment, homework, money, makeup, news, transportation, clothing, postage, trash, luggage, jewelry, traffic

Naturaleza:
- Air, darkness, gravity, humidity, heat, ice, light, water, wind, fire, gold, silver, oxygen, sunshine

Areas académicas de estudio:
- Economics, linguistics, physics, astronomy, biology, music, science, history, statistics, chemistry

Usamos cuantificadores antes de los sustantivos no contables:
- A glass of water
- A loaf of bread
- A lot of information

Algunos sustantivos pueden ser tanto contables como no contables. Veamos algunos ejemplos:
- Glass **is** different than plastic.
- Glasses on the table **are filled** with water.

Y también:
- Adventure **is** what he likes.
- He **had** two adventures on his last trip.

Capítulo 7: Resumen general

Juntemos los tiempos presente, pasado y futuro.

Simple:
- They **study** together every Monday.
- They **studied** together last Monday.
- They **will study** together next Monday.

Continuo:
- They **are studying** right now.
- They **were studying** together when a UFO landed in front of them.
- They **will be studying** when you join them on Monday.

Perfecto continuo:
- They **have been studying** together for five years.
- They **had been studying** together for five minutes when a UFO **landed** in front of them.
- They **will have been studying** for two hours when you join them on Monday.

Perfecto:
- They **have studied** together for five years.
- They **had studied** flying instructions when a UFO landed in front of them.
- They **will have studied** together for two hours when you join them.

Capítulo 8: El secreto para usar los tiempos verbales como un hablante nativo

Dato curioso:
Si leemos un libro, dos semanas después solo recordamos el 21% del libro.

En lugar de aprender toneladas de instrucciones, las cuales olvidarás después de dos semanas, aprendemos los tiempos verbales a través de ejercicios. Para realmente aprender los tiempos verbales del inglés, los hacemos llegar a nuestra mente subconsciente y los convertimos en un conocimiento automático.

Y felicidades – ¡ya has comenzado a hacerlo!

Sin embargo, repasar el contenido de este libro una o dos veces no es suficiente. Lograrás mejores resultados de aprendizaje si repites continuamente los ejemplos y los ejercicios de este libro hasta que se conviertan en un conocimiento automático.

Recordarás que aprender los tiempos verbales del inglés se parece mucho a aprender a nadar. Al repasar este libro una vez, te sumergirás de cabeza en la piscina... ahora tienes que usarlo para practicar tus habilidades de natación. Lee los ejercicios de este libro en voz alta, escucha y repite el audio muchas veces. Una vez que haces llegar la información a tu mente subconsciente, los tiempos verbales se convierten en conocimiento automático.

Acerca de los autores

KEN XIAO

KEN es un modelo a seguir para los estudiantes de inglés. Aprendió a hablar inglés como un hablante nativo con éxito en seis meses, usando una fórmula que él mismo descubrió. Había fungido como intérprete en el Departamento de Defensa de los Estados Unidos. Hoy en día es profesor de inglés, director de escuela y autor de libros.

URISON XIAO

URISON publicó su primer libro cuando tenía ocho años. Le gusta escribir y escribe a diario. Si bien su primer libro es un cómic, actualmente escribe una novela.

Otros libros escritos por Ken Xiao y Urison Xiao

www.ingramcontent.com/pod-product-compliance
Lightning Source LLC
Chambersburg PA
CBHW061144040426

42445CB00013B/1538